হিজিবিজি

অনুপম তরফদার

হিজিবিজি

ISBN 9789356672444

© ANUPAM TARAFDAR- 2022

Published in India 2022 by PencilA brand of One Point Six Technologies Pvt. Ltd.123, Building J2, Shram Seva Premises,Wadala

Truck Terminal, Wadala (E)

Mumbai 400037, Maharashtra, INDIAE connect@thepencilapp.comW www.thepencilapp.com All rights reserved worldwideNo part of this publication may be reproduced, stored in or introduced into a retrieval system, or transmitted, in any form, or by any means (electronic, mechanical, photocopying, recording or otherwise), without the prior written permission of the Publisher. Any person who commits an unauthorized act in relation to this publication can be liable to criminal prosecution and civil claims for damages.

DISCLAIMER: This is a work of fiction. Names, characters, places, events and incidents are the products of the author's imagination. The opinions expressed in this book do not seek to reflect the views of the Publisher.

হিজিবিজি

সমস্ত রকম এডিটিং পি,ডি,এফ পেজ ও ফাইল মেকার -

স্ব- বাক প্রকাশনী

Email ID:- sbabakprokashani@yahoo.com

Phone Number:- 9143098660

উৎসর্গ

স্বর্গীয় পিতা ৺অন্তিম কুমার তরফদার।

মাতা শ্রীমতী রেখা তরফদার

কৃতজ্ঞতা স্বীকার:

১) শ্রীমতী মধুছন্দা তরফদার, বালুরঘাট, দক্ষিণ দিনাজপুর

২) শ্রী গোপাল পাত্র, ভগবতীপুর , সাঁকরাইল, হাওড়া

৩) ঋত্বিজা মন্ডল, বালুরঘাট, দক্ষিণ দিনাজপুর।

মুখবন্ধ:-

কবিতা পড়ার প্রতি আমার কোনোদিনই তেমন আকর্ষণ ছিল না। কবিতা পড়ার প্রতি যেমন কোনোদিন আকৃষ্ট হই নি তেমনই কবিতা কোনোদিন লিখবো বা লিখতে পারবো বলেও কোনোদিন ভাবি নি। প্রকৃতপক্ষে আমি এই জগতের লোকই ছিলাম না। মাঝে বহুচর্চিত কোনো একজনের লেখা কবিতা বা ছড়া যেগুলো বিভিন্ন শ্রেণীর পাঠ্য বইয়ে স্থান পাচ্ছিল সেগুলো পড়ে মনে হয়েছিল যে আমি কোনোদিন না লিখে থাকা সত্ত্বেও ওগুলোর থেকে ভালো লিখতে পারবো। সেই জেদ নিয়েই ২০১৯ সালে লিখতে শুরু করি এবং একটা দুটো করে লিখতে লিখতে বিভিন্ন বিষয়ে লেখার চেষ্টা করি। যা লিখেছি সেগুলো কবিতা/ছড়া/পদ্য যাই হোক সেগুলোকে ফেসবুকে পোস্ট করতাম। সেগুলোকে কেন্দ্র করে অনেকের অনেক মতামত বিশেষ করে যাঁরা কবিতা লেখেন সেইরকম বেশ কয়েকজনের উৎসাহব্যঞ্জক মন্তব্য আমাকে উদ্বুদ্ধ করে এবং আমি লেখা চালিয়ে যাই। এইভাবে লেখা কিছু ছড়া/পদ্য/কবিতার সংকলন নিয়ে প্রকাশিত আমার এই দ্বিতীয় কাব্যগ্রন্থ।

কবি পরিচিতি :-

অনুপম তরফদার

১৯৬৫ সালের ২৮শে নভেম্বর আমার জন্ম বালুরঘাট হাসপাতালে। বালুরঘাট উচ্চ বিদ্যালয়ের প্রাথমিক বিভাগে ১৯৭২ সালে প্রথম শ্রেণীতে ভর্তি হয়ে ছাত্রজীবনের শুরু। ষষ্ঠ শ্রেণী পর্যন্ত বালুরঘাট উচ্চ বিদ্যালয়ে পঠন শেষে ১৯৭৮ সালে রামকৃষ্ণ মিশন আবাসিক বিদ্যালয় নরেন্দ্রপুরে সপ্তম শ্রেণীতে ভর্তি হয়ে ১৯৮২ সালে মাধ্যমিক পাশ করে ওই বছরই বালুরঘাট মহাবিদ্যালয়ে একাদশ শ্রেণীতে ভর্তি হয়ে ১৯৮৪ সালে উচ্চ মাধ্যমিক এবং ১৯৮৬ সালে স্নাতক হই। ১৯৮৬ সালের সেপ্টেম্বর মাসে ভারতীয় স্টেট ব্যাঙ্কে করণিক পদে যোগদান করি এবং এখনও চাকুরীরত। ছাত্রজীবনে প্রচুর গল্পের বই পড়েছি। গল্পের বই পড়াটা নেশা ছিল এমনকি লুকিয়ে পড়ার বইয়ের মধ্যে নিয়েও গল্পের বই পড়তাম। দেশীয় লেখকদের মধ্যে সত্যজিৎ রায়, নারায়ণ সান্যাল, তারাপদ রায়, নিমাই ভট্টাচার্য, শঙ্কু মহারাজ, ডাক্তার নীহাররঞ্জন গুপ্ত,শঙ্কর প্রমুখদের লেখা খুব আকৃষ্ট করতো। প্রচুর বিদেশী লেখকের লেখা বাংলায় অনুবাদ করা বই পড়েছি এবং পড়তে খুব ভালোবাসতাম। এনাদের মধ্যে জেমস্ হেডলি চেজ, আগাথা ক্রিষ্টি, আর্থার কোনান ডয়েল, আর্থার হেলি, উইলিয়াম শেক্সপিয়ার প্রমুখদের লেখা খুব আকৃষ্ট করতো। গোয়েন্দা গল্প এবং থ্রিলার খুব পছন্দ ছিল। ছোটোবেলায় আনন্দমেলা, শুকতারা, স্বপন কুমার প্রচুর পড়েছি। তবে আমি সাহিত্য রসিক বা সাহিত্যানুরাগী সেভাবে কোনোদিনই ছিলাম না।

কবিতার বই পড়ার শখ কোনোদিন ছিল না। কোনোদিন কবিতা লিখবো বলে ভাবিও নি। কোনো একজনের লেখা কবিতা এবং ছড়া পাঠ্যপুস্তকে স্থান পাওয়ায় সেইগুলা পড়ে নিজের মনে হয়েছিল যে ওগুলোর থেকে ভালো আমি লিখতে পারবো। সেই জেদ নিয়েই ২০১৯ সালে প্রথম লেখা শুরু করে দু চারটে লিখি আর তারপর থেকেই বিভিন্ন বিষয়ে লেখার ইচ্ছে জাগে এবং লিখতে থাকি। ছাত্রজীবনে সিনেমা দেখা বিরাট নেশা ছিল এবং কলেজ জীবনে ক্লাস ফাঁকি দিয়েও প্রচুর সিনেমা দেখেছি। মাঝে কিছুদিন ফুলের বাগান করার নেশা হয়েছিল এবং সেটা প্রচন্ড শখের একটি বিষয় হয়ে উঠেছিল। ২০২০ সালের আগস্ট মাসে স্ট্রোক হয়ে শরীরের ডানদিক পক্ষাঘাতগ্রস্ত হওয়ায় বাগান করাটা বন্ধ হয়ে যায়। এখন আমি সুস্থ।

সূচিপত্র:-

১) হিজিবিজি

রাস্তাঘাটে বেরোলে পরেই

কতো প্রিয়জনের সাথে হচ্ছে দেখা!

মুচকি হেসে কুশল বিনিময়

সাথে শুধায় সবাই একই কথা।

ডুব দিয়েছো কোন সাগরে

পাই না তোমার নতুন লেখা?

হেসে বলি কি করি ভাই

আর যে সাথ দেয় না আমার মাথা।

লিখতে গেলে তো ভাবতেই হয়

কি হবে আমার লেখার বিষয়!

ভেবেই পাই না কূলকিনারা

শব্দ, বাক্য সব হারিয়ে যায়।

হিজিবিজি

প্রেমিক তো হতে পারি নি কখনও
প্রেমিকা ও আমার জোটে নি তাই,
হাজার চেষ্টা করেও পারি না
প্রেমের কবিতা লিখতে ভাই।

রং তুলি নিয়ে বসেছি অনেক
পারি নাই কখনও আঁকতে ছবি,
শখ হয়েছিল কবিতা লেখার
পারলাম কই হতে কবি!

গল্প লিখবো ভেবেছি অনেক
লিখতে বসে শব্দ হাতড়ে বেড়াই,
মাথা দেয় না একদম সাথ
বসে বসে পেন কামড়াই।

সময় কাটাতে মাঝে কিছুদিন
কেটেছি কাগজে আঁকিবুঁকি,
সেগুলো না হয়েছে কবিতা
না সমাজের প্রতিচ্ছবি।

হিজিবিজি

আধুনিক কবিতা পড়েছি অনেক

লেখেন যাঁরা যশস্বী কবি,

তাঁদের কবিতার পাশে আমার লেখা

সে তো শুধুই হিজিবিজি।

২) পালিয়ে যাই

মাঝে মাঝেই ইচ্ছে করে

পালিয়ে যাই সব ছেড়ে ছুড়ে;

এই সংসার এই কাজ

সব ফেলে পাড়ি দিই অজানা কোনো শহরে।

জীবনটা গেছে বড় একঘেয়েমি তে ভরে,

নেই কোনো বৈচিত্র্য নেই কোনো টান,

একই বেলনা বেলে যাও

গেয়ে যাও একই গান।

পাখীরা আছে কতো সুন্দর

নেই তাদের কোনো সীমারেখা;

হিজিবিজি

বাতাস বয়ে চলেছে নিজের মতো

নেই তো তাদের কোনো পরাধীনতা।

নীল আকাশে সাদা মেঘ

উড়ে চলেছে এপার থেকে ওপারে,

তাদের ওপরে নেই কোনো নিয়ন্ত্রণ

তারা চলে নিজের ইচ্ছে মতোন।

নদী সেও তো বয়ে চলেছে আপন খেয়ালে,

কখনও স্থির কখনো চলমান,

মানতে হয় না তাকে কারো নির্দেশ

নেই তার কোনো পিছুটান।

দেশের সীমানা পারে নি রুখতে তার পথ,

তাকে করতে হয় না কোনো জবাবদিহি,

তাকে দিতে হয় না তার কাজের হিসেব,

সে চলছে মেনে তার আপন মর্জি।

পারি না চলতে আমি পাখী বা নদীর মতো

ইচ্ছে মতো এদিক সেদিক ঘুরে ঘুরে;

কতো বিধিনিষেধ আরোপ হয়েছে আমার ওপর

ইচ্ছে করে পালিয়ে যাই সব ছেড়ে ছুড়ে।।

৩) প্রথম দেখা

জীবনে যেদিন প্রথমবার

দেখেছিলাম তোমায়,

সেদিনই ঠাঁই দিয়েছিলাম

মনের এক কোণায়।

প্রথম দেখাতেই কেড়েছিলে

তুমি আমার মন,

দেখা মাত্রই প্রেম ব্যাপারটা

হয় গো যেমন।

তোমায় নিয়ে দেখেছিলাম

কতো স্বপ্ন আমি,

ভেবেছিলাম ওগো স্বপ্নপরী

আমার যোগ্য সাথী তুমি।

যেদিন প্রথম আমার স্বপ্নে

হাজির হলে তুমি,

হিজিবিজি

কতো সাধারণ রূপে দেখে

মুগ্ধ হয়েছি আমি।

বার বার যতো স্বপ্নে তোমায়

দেখছি আজকাল,

কতো পরিবর্তন দেখছি তোমার

বদলেছে তোমার হালচাল।

স্বপ্নগুলো তোমায় নিয়ে

হচ্ছে ভেঙ্গে চুরমার,

ওগো আমার স্বপ্নপরী

ভাঙ্গলে কেন হৃদয় আমার?

কেন তুমি রোজ আসতে

আমার গভীর স্বপ্নে?

ঠাঁই দিয়েছো যখন মনে

আমায় নয় অন্য কাউকে?

হিজিবিজি

তুমি আমার স্বপ্নপরী

কতো রাত তোমায় দেখেছি স্বপ্নে,

ভুলতে আমি পারবো না তোমায়

যতোই তুমি ধর মনে আমার বদলে অন্য কাউকে।

৪) শিক্ষকদের শিক্ষাদান

লাঠিসোটা হাতে সবাই

ঢুকলো জে এন ইউ,

তাদের হাতে শিক্ষা পাবে

আজ তামাম ছাত্রীকূল।

শিক্ষকরা সব চাদর কাপড়ে

রেখেছে মুখ ঢেকে,

বড়োই লাজুক শিক্ষক সব

পাছে কেউ ফেলে দেখে।

হিজিবিজি

কলম পুস্তকের বদলে তাদের

হাতে খেলার সরঞ্জাম,

কারও হাতে ক্রিকেট উইকেট

লাঠি হকিস্টিক ও পেয়েছে স্থান।

রাতের আঁধারে চললো শিক্ষকদের

তান্ডব সহ শিক্ষাদান,

শিক্ষিকাকেও করতে হোলো

ছাত্রীদের মতোই রক্তস্নান।

শুনছি এই শিক্ষাদান নাকি

প্রতিবাদের ফলস্বরূপ,

নিন্দুকেরা কেউ বলছে আবার

এ নাকি বেটি বাঁচাও প্রকল্পের ই একটা রূপ।

দেশজুড়ে উঠেছে ঝড়

নিন্দা আর সমালোচনার

কেউ আবার আতঙ্কিত,

আমিও নই বাইরে তার।

তবুও আমি ছাত্রীদের ওপর

নগ্ন আক্রমণকে ধিক্কার জানাই,

নিন্দা আর সমালোচনার

অন্য কোন ভাষা নাই।

৫) কুমারগঞ্জ

দক্ষিণ দিনাজপুরের কুমারগঞ্জ

আজ আলোচনার শিরোনামে,

নৃশংস হত্যা হয়েছে সেথায়

হায়দ্রাবাদের অনুকরণে।

আলোচনা শুধু সীমাবদ্ধ

জেলার মানুষের মধ্যেই,

রাজধানীর লোক বা বিদ্বজ্জনরা

এর ধারেপাশেই নেই।

হিজিবিজি

সংবাদপত্রেও স্থান হয় না

ছোট্ট (?) এই ঘটনার,

টিভি চ্যানেলেও বরাদ্দ পায় না

ঘন্টাখানেক নয় দশ মিনিটের ।

কুশমন্ডির দেহাবন্ধেও

দেখেছি আমরা এক নৃশংস ধর্ষণ

তারকাদের তখনও দেখিনি

করতে অশ্রু বর্ষণ।

প্রান্তিক জেলা দক্ষিণ দিনাজপুর

খবর রাখার সময় কোথায়?

বিদ্বজ্জনরা সদাই ব্যস্ত

দেশসেবা আর চাটুকারিতায়।

চাই না সবার প্রতিবাদ বিক্ষোভ

কেউ হয়তো খুঁজবে প্রেক্ষিত,

রাজধানী ছাড়া গ্রাম্য জনতার

কবে কেবা কোরলো হিত?

হিজিবিজি

গ্রাম গঞ্জ বলে কেউ

আসে না এখানে ছুটে

নিজেদের যারা বলে বিদ্বুজ্জন

তাদের মুখ বন্ধ কিসে?

এরপরেতেও হয়তো কেউ

মুখ খুলবে আসামীদের হয়ে

প্রশ্ন হয়তো তুলবে তারা

আসামীদের মানবাধিকার নিয়ে।

মুক্তকণ্ঠে আমি তখন

জানাবো তাদের ধিক্কার,

ধর্ষিতার হত্যা নিয়ে

যারা মুখ খোলে না একটিবার।

আসামীদের চাইবো আমি

কঠোরতম শাস্তি যেটা

ইতিহাসের পাতায় যেন

উদাহরণ হয়ে থাকে সেটা।

৬) সিঁড়ি

আমি সিঁড়ি

আমি না থাকলে

তোমরা কখনোই পাড়তে না ওপরে উঠতে।

প্রতিদিন তোমরা আমার ওপর

ভর দিয়েই উঠছো কতো ওপরে।

অথচ ওপরে উঠেই ভুলে যাও

তোমরা আমার কথা,

ভুলে যাও নীচে নামতেও

আমারই সাহায্য নিতে হবে তোমাদের।

তাই আমার কোনো কদর নেই

কখনো তোমাদের কাছে।

সারাদিন তোমাদের কতো পদাঘাত

সইতে হয় আমাকে,

কতো নোংরা আবর্জনা চাপিয়ে দাও

তোমরা আমার ওপরে,

তবু আমি সব সহ্য করি মুখ বুজে

হিজিবিজি

শুধু তোমাদের ভালো রাখতে,

তোমাদের খুশীতে রাখতে,

তোমাদের আনন্দে প্রেমে মজিয়ে রাখতে।

বিনিময়ে আমাকে দিয়েছো কি তোমরা

কখনও একটু ভালোবাসা?

ভেবেছো কি আমার কথা

একটু সহানুভূতির সাথে?

তোমরা কি কখনও ভেবে দেখেছো একবার

কি হবে যদি আমি ভেঙ্গে পড়ি হুড়মুড় করে?

মাঝে মাঝে খুব ইচ্ছে করে

ভেঙ্গে পড়তে হুড়মুড়িয়ে।

কিন্তু পারি না শুধু তোমাদের কথা ভেবে,

তোমাদের অসুবিধের কথা ভেবে।

তোমাদের অসহায় মুখগুলো যে খুব মনে পড়ে।

তোমরা আমাকে যতোই অবহেলা কর,

যতোই মনে না দাও স্থান,

আমি তো বড় ভালোবাসি তোমাদের।

তবে একথা মনে রেখ বার বার

যেদিন আমি সত্যিই পড়বো ভেঙ্গে হুড়মুড়িয়ে

সেদিন তোমরা বুঝবে কদর আমার।

৭) ঢেউ

নেমেছিলাম সমুদ্র স্নানে

সে কি অফুরন্ত মজা!

একগাদা লোক করছে হল্লোড়

ঢেউ গুলোকে টপকে সবাই আনন্দে আত্মহারা।

আমিও মেতেছি তাদের সাথে

ঢেউ টপকে লুটছি মজা,

অধীর আগ্রহে রয়েছি অপেক্ষায়

বড়ো ঢেউ কখন আসবে সোজা।

মজা নিতে নিতে নিজের অজান্তেই

কখন যেন অনেক দূরে গিয়েছি চলে,

সঙ্গী সাথী ছিল যারা সব

তাদের অনেকটা পেছনে ফেলে।

হঠাৎ ঘোটলো সেই অঘটন

হিজিবিজি

বিশাল এক ঢেউ আসলো ধেয়ে,

আমি কিছু বোঝার আগেই

গেল নিয়ে অনেক দূরে আমায় একলা পেয়ে।

শুরু হোলো আমার বাঁচার লড়াই

চলেছি আমি সাঁতরে,

চারিদিকে নেই কেউ কোথাও, হঠাৎ

একটা ডিঙ্গি নৌকো পড়লো এসে আছড়ে।

উঠে পড়লাম তাতে

ক্লান্ত শরীরে এলিয়ে পড়লাম,

ডিঙ্গির হাতে নিজেকে সঁপে

বাঁচার আনন্দ ফিরে পেলাম।

চলছিলাম বেশ ভালোই

এগিয়ে তীরের দিকে ,

হঠাৎ এক ভীষণ ঝড়ে

ছিটকে পড়লাম ডিঙ্গি থেকে।

হিজিবিজি

শুরু হোলো আবার লড়াই

সাঁতরে এগিয়ে চলা,

মাঝে দুটো ছোট ঢেউয়ের

ঠেলে একটু এগিয়ে আবার পেছনের দিকে ঠেলা।

সাঁতরে চলতে চলতেই

হঠাৎ রবারের একটা টিউব পেলাম,

টিউবটাই আমাকে বাঁচাবে ভেবে

তার ওপরেই শরীরটাকে এলিয়ে দিলাম।

বেশ সুখেতেই যাচ্ছি ভেসে

তীরের দিকে এগিয়ে

টিউবটাকে জড়িয়েছি শরীরে

বাঁচার আশা নিয়ে।

আচমকাই অনুভব করি

বাঁচাবে না এই টিউবও আমায়,

যখন দেখলাম টিউবের হাওয়া

যাচ্ছে বেরিয়ে প্রায় সবটাই।

হিজিবিজি

হতাশা আমায় করলো গ্রাস

যেমনটা করেনি আগে কখনও,

বুঝে গেলাম লড়াই ছাড়া

বাঁচার অন্য পথ নেই কোনো।

হতাশায় ভরা ক্লান্ত অবসন্ন শরীর

চারিদিকে জল ছাড়া নেই অন্য কেউ,

বাঁচার আশায় সাঁতরে চলেছি আমি

মাথার ওপর দিয়ে যাচ্ছে বড় বড় সব ঢেউ।

৮) ভারতীয়ত্ব

চৌত্রিশ বছর করছি চাকরী

ভারতীয় স্টেট ব্যাঙ্কে,

পরিচয় পত্র দিয়েছে ব্যাঙ্ক

তাদের নথিপত্র ঘেঁটে।

হিজিবিজি

কখনোই ব্যাঙ্ক বলে নি আমায়

প্রমাণ কর তুমি,

এতোদিন যে ছিলে তুমি

আমাদের স্থায়ী কর্মী।

স্কুলের গন্ডী পেরিয়ে

আঠারোয় যখন পড়েছি,

দেশের সরকারের কাছ থেকে আমি

ভোটার কার্ড পেয়েছি।

চাকরী পেয়েছি পরীক্ষায় বসে

ফর্ম পূরণের পরে,

ভারতীয়ত্বের প্রমাণ দিয়েই

সম্ভব করেছি তারে।

প্যান কার্ড দিয়েছে সরকার আমায়

ভারতীয় জানবার পরে,

অভারতীয়রা কেমন করে

প্যান কার্ড পেতে পারে?

হিজিবিজি

নিয়ম মেনে কর দিয়েছি

সরকারকে প্রতি বছর,

আমার করের টাকায় পেয়েছে

মাইনে সব মন্ত্রীবর।

সরকারের আদেশ মেনে

করেছি আধার কার্ড,

যদি না হতাম ভারতীয়

আধার কার্ড কেন দিল আমার দেশের সরকার?

আজ আমায় বলছে সরকার

ভারতীয়ত্বের প্রমাণ চাই,

বহুদিন বাদে তুঘলকের নাম

মনে পড়ে যাচ্ছে তাই।

৯) রোবট

আমি একটা মনুষ্য রূপী রোবট,

তোমাদের দ্বারা নিয়ন্ত্রিত একটা মেশিন,

তোমরা যেমন ভাবে চালাতে চাও আমাকে

ঠিক তেমন ভাবেই চলতে হয় আমায়।

বোতাম টিপে তোমরা আমায় কর নিয়ন্ত্রণ।

আমার থাকতে নেই কোনো মন কোনো আবেগ,

আমার থাকতে নেই কোনো নিজস্ব ব্রেন,

আমি শুধু তোমাদের দ্বারা নিয়ন্ত্রিত একটা মেশিন।

তোমাদের সব প্রয়োজন মেটানোর মেশিন।

আমার নেই কাউকে ভালোবাসার অধিকার,

নেই অধিকার কারও ভালোবাসা পাবার,

তোমাদের ইচ্ছে হলে ভালোবাসবে আমায়

ইচ্ছে হলে ঠেলবে অনেক অনেক দূরে।

তোমাদের ইচ্ছে মতো তোমরা অপরের মাথা

টেনে নেবে বুকে, কোলে

বুলিয়ে দেবে মাথায় হাত,

জড়িয়ে ধরবে খুব জোর চেপে,

হিজিবিজি

আমায় তখন তাকিয়ে দেখতে হবে ফ্যালফ্যাল করে।

আমি পারবো না করতে কোনো প্রতিবাদ।

আবার যখন পড়বে তোমাদের প্রয়োজন

আমায় বাধ্য করবে তোমাদের ভালোবাসতে,

আমার যে থাকতে নেই নিজস্ব মন আবেগ,

আমি যে তোমাদের দ্বারাই নিয়ন্ত্রিত একটা মেশিন।

কিন্তু তোমরা ভেবে দেখ না কখনও,

আমারও বুকে আগুন জ্বলে

নির্বিবাদে এসব দেখতে দেখতে,

আগুন যদি স্ফুলিঙ্গ হয়ে বেরোয়

সে আগুন থেকে রেহাই পাবে না তোমরাও,

জ্বলে পুড়ে খাক হয়ে যাবে তোমরা সবাই।

আমি চাই তোমাদের নিয়ন্ত্রণ থেকে বেরোতে,

আমিও চাই তোমাদের মতো

মানুষ হয়ে বাঁচতে,

তোমাদেরই মতো মানুষ হয়ে বাঁচতে।

১০) মাঝি

মাঝি চলেছে বজরা নৌকোয়

সমুদ্র সফরে,

মাঝির ওপর নির্ভর করে

যাত্রীরা সব খোশ মেজাজে।

যাত্রা শুরু করেছে মাঝি

সবার দায়িত্ব নিয়ে,

এ যাত্রার শেষ কবে

নিজেও জানে না সে।

সকলের দায়িত্ব মাঝির কাঁধে

মাঝিও তটস্থ তাই,

সবার প্রতি দায়িত্ব পালনে

তার আন্তরিকতার অভাব নাই।

বজরাটি মাঝির পুরোনো সাথী

নাড়ি নক্ষত্র তার চেনে মাঝি,

হৃদয়ে তাকে দিয়েছে স্থান

ভালোবাসাতেও রাখে নি খামতি।

ছোট খাটো দু একবার

হিজিবিজি

যদিও হয়েছে মনের অমিল,

বজরা মানে নি মাঝির নিয়ন্ত্রণ

মাঝির হিসেবে করেছে গরমিল।

তবুও মাঝি আর বজরার মধ্যে

সম্পর্ক রয়েছে অটুট,

মাঝি আর বজরা যেন

একে অপরের পরিপূরক।

এবার হঠাৎ যাত্রাপথে

উঠেছে এক নতুন ঝড়,

বজরা মানে না মাঝির নিয়ন্ত্রণ

অশুভ শক্তি করেছে তাকে ভর।

কাঁদছে মাঝি হাউ হাউ করে

এ কোন দৃশ্য দেখছে সে,

জীবন দিয়ে ভালোবেসেছে যাকে

সেই বজরাই সাথ ছেড়েছে।

যাত্রীরা সবাই কিছুটা হলেও

করতে পারছে অনুমান,

বুঝছে মাঝির মনের অবস্থা

চাইছে সবাই এর অবসান।

মাঝি ভীষণই বিষাদগ্রস্ত

হিজিবিজি

পারছে না সইতে এ আঘাত,

যাত্রীদের কথা রয়েছে মাথায়

হজম করছে সব অবসাদ।

বজরাটি পরে এসেছে মাঝির

আগের মতোই নিয়ন্ত্রণে,

কিন্তু মাঝির হৃদয়ে চোট

লেগেছে বজরার এই আচরণে।

সারা জীবনেও ভাবে নি মাঝি

দেখতে হবে এরকম দিন,

হাজার চেষ্টাতেও এই ঘটনা

ভুলবে না মাঝি কোনোদিন।

১১) কাদম্বিনী তোমাকে

ওহে প্রিয় কাদম্বিনী

কতো যুগ ধরে আমি তোমাকে চিনি,

তবু আজ যেভাবে দেখছি তোমাকে

আগে কখনও এ রূপে তোমায় দেখিনি।

তুমি তো ছিলে আমার একান্তই আপন

তুমি তো ছিলে আমার একাকীত্বের সঙ্গিনি,

তবু তুমি কখনও ছাড়বে আমার হাত

আগে কখনও আমি স্বপ্নেও ভাবি নি।

ওগো প্রিয় কাদম্বিনী

তুমিই তো ছিলে আমার হৃদয়ের রাণী,

ভাবিনি কখনো রইবে না তুমি আর

আমার জীবনের অন্তরঙ্গ রমণী।

তুমি তো আমায় পরিয়েছিলে পোশাক

বানিয়েছিলে আমায় তোমার রাজা,

তবে আজ কেন ছেড়ে আমার হাত

দিলে আমায় এতবড় সাজা?

থাকো তুমি সুখে

তোমার নতুন রাজার হাতখানি ধরে,

আমি হতে চাই না আর তোমার রাজা

আমায় বাঁচতে দাও আমার মতো করে।

আমি চাই না পড়তে আর

নকল রাজার পোশাক

এ পোশাকে আমি বড় বেমানান

তোমার রাজাই আসল রাজা তাকেই শোভা পাক।

১২) মনুষ্য জীবন

এসেছিলাম এই ভূখন্ডে

অনাবৃত শরীরে,

যেদিন যাব চলে

শরীর ঢাকা থাকবে না কোনো কাপড়ে।

তবে কিসের এতো মোহ মায়া?

হিজিবিজি

এ ভূখন্ডের কোনো কিছুই নয় তো আমার,

এসেছিলাম কাঁদতে কাঁদতে

হয়তো বুঝেছিলাম এ জগতে নেই কিছু পাবার।

যা কিছু পেয়েছি সবই সাময়িক

বোকার মতো তাকে ভেবেছি নিজের,

আজ বুঝি নিজের বলে হয় না কিছুই

আমরা সবাই অভিনেতা রঙ্গমঞ্চের।

চরিত্র আমাদের ঠিক করেছে

এই রঙ্গমঞ্চের পরিচালক,

সেই চরিত্রেই তুমি আমি

সবাই করে চলেছি নাটক।

রামের জন্মের আগেই যেমন

লেখা হয়েছে রামায়ণ,

তুমি আমিও আসার আগেই

লেখা হয়েছে আমাদের সাত কাহন।

কতটা তুমি পাবে আর কতটা হারাবে

তার ওপরে নেই কারও নিয়ন্ত্রণ,

আজ যা তোমার হতে পারে কাল তা অন্যের

এটাই হোলো মনুষ্য জীবন।

হিজিবিজি

কেউ জানে না এই জীবন

সাথ দেবে কতদিন,

নেই গো কোনো মোহ আমার

যাবার জন্য তৈরী আছি ডাক আসবে যেদিন।

১৩) আগুন

জ্বলছে নগর, জ্বলছে ঘর,

জ্বলছে আসবাব, জ্বলছে দোকান;

উন্মত্ত জনতার বন্দুকের গুলি

নিচ্ছে কেড়ে কতো কতো প্রাণ।

একদিকে যেমন নেতা মন্ত্রী

করছেন ভাষণে প্ররোচিত,

হিজিবিজি

অপরদিকে আন্দোলনের নামে

তান্ডব করছেন যারা আন্দোলন রত।

জ্বলছে দেশের কন্যা

জ্বলছে দেশের মা,

কখনও তা হায়দ্রাবাদ তো

কখনও উন্নাও, কুমারগঞ্জ, হলদিয়া।

কোথাও হচ্ছে এনকাউন্টার তো

কোথাও চলছে বাঁচানোর খেলা,

ধর্ষক যদি হয় নেতা মন্ত্রী বা

নেতা মন্ত্রীদের বড় চেলা।

মিডিয়া করে কোথাও হইচই

তো কোথাও আঁটে মুখে কুলুপ,

বুদ্ধি বেচে খায় নাকি যারা

অবস্থা বুঝে তারাও থাকে চুপ।

এসব দেখে বলতেই হয়

দাউদাউ করে জ্বলছে আমার দেশ,

নেতা মন্ত্রীরা আছেন সুখে

আগুন লাগিয়ে কামাচ্ছেন বেশ।

১৪) শিবের গীত

শিবের কপালে চিন্তার ভাঁজ

মর্তে লেগেছে মহামারী,

এবার বোধহয় গিন্নী তাঁহার

বাপের বাড়ি দেবে না পাড়ি।

প্রাণে তো তাঁরও আছে বেশ ভয়

যদি প্রাণটা অঘোরে যায়,

ওষুরকে হারানো অনেক সহজ

করোনার সাথে জেতা বড় দায়।

শিব বাবাজীর মুডটি অফ

বছরের এই চারটে দিন,

কত সুখেতে কাটান উনি

স্ত্রী সন্তানদের ঝামেলা বিহীন।

হিজিবিজি

পড়েছে শিবের গালে হাত

গিন্নীর মনে থাকবে শোক,

ঝাঁটা বারুন আর ভীমবার সহ

বাবাজীর ঘাড়েই বোধহয় পড়বে কোপ।

দেখছে বাবাজী ওয়ার্ক ফ্রম হোম

মর্তে তার ছড়াছড়ি

সব ক্ষেত্রেই স্বামীদের ওপর

চাপাচ্ছে সব কাজ বাড়ীর নারী।

সবাই এবার পূজোয় তাহলে

কল্কি নিয়ে রাস্তায় নামো,

শিবের নামে দুটান মেরে

বল ওঁ নমঃ শিবায়।

১৫) লেজ কাটা

দুদিন আগেও বলা কথা

নিমেষেই তো যাস ভুলে,

নিজেদের থুতু নিজেরাই চাটিস

লজ্জা শরম তো খাস খুবলে।

আজ যে ভালো কাল সে চোর

কালকের চোর আজ ভগবান,

নিজের আখের গোছাতে তোরা

এভাবেই গাস চোরদের জয়গান।

ভাষণ দিতেই পটু শুধু

ভাষণেই লোককে বানাস বোকা,

যুগ যুগ ধরে চলছে এভাবেই

জনতা জনার্দন খাচ্ছে ধোঁকা।

তবুও জনতা মাথায় রাখে

চোরেদের হয়েই গলা ফাটায়,

হিজিবিজি

চোরেদের বিপক্ষে মুখ খুললে

জনতা জনার্দন ই রুখে দাঁড়ায়।

এরা হোলো দেশের সেবক

আখের গোছানোই যাদের কাজ,

দেশসেবার নামে দেশকে লুঠতে

পায় না এরা কোনোই লাজ।

গিরগিটি ও লুকোয় মুখ

এদের রং বদলানো দেখে আজ,

এরা এককটা লেজ কাটা

নেই এদের লজ্জা, লাজ।

১৬) শক্তির অহংকার

হে দুনিয়ার সর্বশক্তিমান

অর্থবলে, অস্ত্রবলে বলীয়ান,

ভেবেছিলে কি কখনও

তোমার শক্তিকেও কেউ করে দেবে ম্লান?

সারাজীবন সবার ওপরে

করে গেছ দাদাগিরি,

ভেবেছিলে কি কখনও

একদিন তোমার দেশও হবে মৃত্যুপুরী?

যখন মন চেয়েছে

দিয়েছো সবাইকে হুমকি নিত্যদিন,

ভেবেছিলে কি কখনও

তোমাকেও দেখতে হবে এই দুর্দিন?

হীরোশিমা নাগাসাকি উড়িয়ে

করেছো মিথ্যে শক্তির উল্লাস,

ভেবেছিলে কি কখনও

তোমার মনেও কখনও সৃষ্টি করবে কেউ ত্রাস?

হিজিবিজি

সারাজীবন করে গেছ শুধু

মিথ্যে শক্তির অহংকার,

ভেবেছিলে কি কখনও, ভিক্ষুকের মতো

তোমাকেও পাততে হবে হাত বারংবার?

আজ তুমি হয়ে গেছ উন্মাদ

তোমার অর্থবল, অস্ত্রবল আজ হয়েছে অসাড়,

চূর্ণ বিচূর্ণ হয়ে গেছে আজ

তোমার মিথ্যে শক্তির অহংকার।

১৭) লাশ

রেললাইনে ছড়িয়ে ছিটিয়ে

পড়ে আছে কিছু লাশ,

ভিনরাজ্যের শ্রমিক তারা

ঝুপড়ি ঘরে ছিল বাস।

হিজিবিজি

লক ডাউনে কাজ হারালো

হারালো পেটের ভাত,

বাচ্চা এবং পরিবার সহ

শুরু হোলো অভুক্ত রাত।

ঘরে ফেরার আর্জি নিয়ে

ছোটে এদিক ওদিক,

চোখেতে দেখে আঁধার শুধু

তাকায় তারা যেদিক।

সরকারের নেই আর্থিক ক্ষমতা

ফেরাতে তাদের বাড়ী,

হেলিকপ্টার থেকে পাপড়ি ছড়াতে

খরচ হবে যে কাঁড়ি কাঁড়ি।

বিদেশে যারা আছে তাদের

ফেরাতে হবে বাড়ী,

উচ্চবিত্তরা যে বিনে পয়সায়

হাওয়াই জাহাজে দেবে পাড়ি।

শ্রমিক কুলির কাজ করে তারা

সবার কথা ভাবার সময় কোথায়?

আসল সত্য বুঝলো তারা

হাঁটার বিকল্প নাই হেথায়।

হিজিবিজি

খুব বেশী তো পথ নয়

হবে না হয় হাজার কি.মি,

কুলি শ্রমিকের জাত যখন

লাগবে মোটে কয়েক দিনই।

বে আক্কেলে শ্রমিকের দল

হাঁটতে গিয়ে হাঁপিয়ে যায়!

বাচ্চা কাচ্চা সমেত সবাই

রেললাইনেই শুয়ে ঘুমায় !

তাহলে বল কার কি দোষ

এদেরই তো নাই মান আর হুঁশ,

কেন সবাই হবে বল ব্যস্ত

তাদের নিয়ে যারা নয় মোটেই মানুষ।

তাইতো দেখা যায় সবাই এখন

কলমেতে টেনেছে রাশ

আসল কথা আমরা সবাই

সমাজে এক একটি জীবন্ত লাশ।

১৮) গণশত্রু

আর কতো কাল চলবে তুমি

তথ্য গোপন করে,

আর কতো কাল রাখবে তুমি

জনতাকে অন্ধকারে?

তথ্য গোপনে কার কি লাভ

মাথায় ঢোকে না কারও,

ফায়দার হিসেব কোরছো বটে

অঙ্ক জটিল হবে আরও।

সঠিক তথ্য জানালে পরে

জনতাই পায় লাভ,

সাবধান হবে বাধ্য হয়েই

কাটবে বেপরোয়া ভাব।

মিথ্যে তথ্য পরিবেশনে

নিশ্চিন্তে তারা ঘুরছে,

সংক্রমণের সম্ভাবনাও

হাজার গুণ বাড়ছে।

হিজিবিজি

কানাঘুষো রোজ শোনা যায়

শ্মশানে শ্মশানে পুড়ছে লাশ,

মধ্যরাতে পুলিশ দিয়ে

পোড়াচ্ছ তুমি কাদের লাশ?

আর কতো লাশ চাও দেখতে

এতো দেখেও মেটে না আশ?

মানুষকে মোটেই ভেব না তুমি

সবাই বাঁচে খেয়ে ঘাস।

মানুষ সবই বুঝে নেবে

কড়ায় গন্ডায় হিসেব করে,

যেদিন তুমি ভিক্ষে করতে

যাবে জনতার দরবারে।

১৯) ইতরের দল

ছবিতে দেখলুম কয়েকটি লোক

একটি লোককে ঘিরে,

জোর খাটিয়ে জুলুম করে

বিস্কুট খাচ্ছে কেড়ে।

অসভ্য সব ইতরের দল

ট্রেন থেকে নেমে স্টেশনে,

কাড়াকাড়ি করে খায়

দেশের সংস্কৃতি না মেনে।

আমাদের কি দেখেছিস তোরা

কেড়ে খেতে কখনও?

ভারতবর্ষে থেকেও তোরা

দেশের সংস্কৃতি বুঝলি না এখনও।

বললে বলবি খিদের জ্বালা

পারছিলাম না আর সইতে,

জানিস তোরা সিয়াচেনে

কতো সইতে হয় সেনাবাহিনীকে?

তোদের হয়ে কেউ কেউ আবার

হিজিবিজি

গলা ফাটিয়ে বলছে,

খিদের জ্বালা সেই তো বোঝে

খাদ্যাভাবে যার পেট জ্বলছে।

তোদের এই ছবি দেখলে

সারা বিশ্ব করবে ছি ছি,

সামান্য খিদের জ্বালায় তোরা

দেশের সম্মান এভাবে ডোবালি?

জনধন যোজনা অটল পেনশন যোজনা

সবই তোরা ভুলে গেলি?

পাঁচশো টাকা, উজালা গ্যাস

তাও দেশের নাম ডোবালি?

এই জন্যই বলে লোকে

ছোট জাতকে মাথায় তুলতে নাই,

শ্রমিকের জাত হলি তোরা

তোদের কাছে এসব বৃথাই।

২০) শালিনী তোমায়

কেন তুমি আসবে বল

আমার সান্নিধ্য নিতে,

যদি আমি প্রতি মুহূর্তে

কষ্ট দিই তোমাকে?

কেন তুমি আসবে বল

আমার সাথে কথা বলতে,

যদি তুমি এলেই আমি

খোঁটা দিই তোমাকে?

কেন তুমি আসবে বল

আমায় ভালোবাসতে,

যদি আমি সব সময়ই

অপমান করি তোমাকে?

কেন তুমি আসবে বল

আমার ভালোবাসা পেতে,

যদি আমি দূর ছাই বলে

তাড়িয়ে দিই তোমাকে?

কেন তুমি আসবে বল

হিজিবিজি

আমার যত্ন নিতে,

যদি আমি সারাজীবনেও

না পারি তোমায় ভালোবাসতে?

কেন তুমি আসবে বল

আমায় একটুখানি দেখতে,

যদি আমি হই বিরক্ত

তোমার মুখখানি দেখতে?

কেন তুমি আসবে বল

আমায় জড়িয়ে ধরতে,

যদি আমি জীবনভর

সন্দেহ করি তোমাকে?

কেন তুমি রাখবে ব্রত

আমায় ভালো রাখতে,

যদি আমি লুকিয়ে লুকিয়ে

ঠকিয়ে চলি তোমাকে?

কেন তুমি চেয়ে থাকবে

আমার জন্য রাস্তার দিকে,

যদি আমি পরকীয়া করে

দেরী করি বাড়ী ফিরতে?

কেন তুমি উদাস নয়নে

হিজিবিজি

তাকিয়ে থাকবে জানালার দিকে ,

যদি আমি বাড়ীতে ফিরি

পরনারীর সাথে সিনেমা দেখে?

শালিনী - দেবে কি তুমি এসব প্রশ্নের

কোনো একটিরও উত্তর আমাকে,

যদি অবশ্য তোমার কাছে

উত্তর দেবার কিছু থাকে।

২১) ঘরে ফেরা

ওরা হাঁটছে, হেঁটেই চলেছে

জানে না ওরা কতদিন হবে এভাবে হাঁটতে

হাজার হাজার কিলোমিটার ওরা হেঁটেই চলেছে।

মাথায় তাদের মোটের বোঝা

কোলে আছে বাচ্চা,

কারও আবার মাথায়ও বোঝা

হিজিবিজি

ঘাড়ে একটি আবার কোলেও একটি

বাচ্চা নিয়েও হাসিমুখে

মা জননী চলেছে হেঁটে সোজা।

ক্ষ্যস্ত লোকও বইছে বাঁক

অক্ষম ছেলেকে বইতে,

এভাবেই তো রাস্তা হেঁটে

পৌঁছতে হবে বাড়ীতে।

হাঁটছে দেশের ভবিষ্যৎ

বাদ যায়নি খোকা খুকিও,

অদৃশ্য বিচারক করেনি তাদেরও মাফ

জীবনযুদ্ধে আজ সামিল তারাও।

খুঁড়িয়ে খুঁড়িয়ে চলেছে শিশু

পায়ে পড়েছে ফোস্কা,

তবুও তার নিস্তার নেই

পথ যে শুধুই নিরন্তর হাঁটা।

হেঁটে চলেছে তামাম দেশের কারিগররা

হেঁটে চলেছে আমার ভারতবর্ষ,

বাঁচার তাগিদে খিদে হজম করে

হাজার লোক মিছিল করে

ফিরছে বাড়ী মনে তাদের কতো হর্ষ!

হিজিবিজি

পা ফেটে বেরোচ্ছে রক্ত

পায়ে হয়েছে ঘা,

সেগুলো এখন তাদের কাছে

কোনো কষ্টই না।

নেই পেটে কোনো দানাপানি

নেই গলা ভেজানোর জল,

ক্লান্ত শরীরে অভুক্ত পেটে

রাস্তাতেই শুচ্ছে এই শ্রমিকের দল।

পথেই বিদায় দিয়েছে অনেকে

ঢলে পড়েছে মৃত্যুর কোলে,

কেউ আবার হাঁটতে হাঁটতেই

শেষ নিঃশ্বাস ছেড়েছে বন্ধুর কোলে।

কোনো মা চলেছে একলা একলাই

কোলে তার মৃত সন্তান,

ক্লান্ত শরীরেও শ্রমিক ভাই

করুণ গলায় গাইছে বাঁচার গান।

হে আমার দেশমাতৃকা

তুমি কি এসব দেখছো?

নাকি তুমিও আজ গান্ধারী সেজে

ধৃতরাষ্ট্রের পাশে বসে আছো?

২২) কণ্ঠরোধ

একবার আমি নিজেই হয়েছি

কণ্ঠরোধের শিকার,

প্রশাসনিক সিদ্ধান্তের প্রতিবাদ করায়

হয়েছিলাম আমি গ্রেফতার।

গণতন্ত্র আর বাকস্বাধীনতা

দুটোই নিবিড় সম্পর্ক যুক্ত,

বর্তমানে দেখছি এদের

সম্পর্ক ঘোষিত হয়েছে নিষিদ্ধ।

মত প্রকাশের স্বাধীনতা

বহু ক্ষেত্রেই হচ্ছে হরণ,

রাষ্ট্রশক্তি চায় তাদের মতকেই

করতে হবে সমর্থন।

সংবাদমাধ্যমের স্বাধীনতাও

অনেক ক্ষেত্রেই হচ্ছে হরণ,

সাংবাদিকরাও যাচ্ছে না বাদ

এটাই এখন নতুন নিয়ম।

হিজিবিজি

তাইতো দেখি সাংবাদিক কে

খুন করা হয় মাফিয়া দিয়ে,

সত্য ঘটনা সামনে আনায়

প্রতিশোধ নেওয়া হয় জীবন নিয়ে।

কখনও দেখি সাংবাদিককে

পোড়া হচ্ছে হাজতে,

সত্য ঘটনা প্রকাশ করায়

মিথ্যে কোনো অজুহাতে।

আবার দেখি কখনও যদি

সরকারের ব্যর্থতা প্রকাশ করে,

সাংবাদিকদের বিরুদ্ধে তখন

সরকার নিজেই এফ আই আর করে।

নতুন যা দেখছি তাতে

চক্ষু ছানাবড়া হবার জোগাড়,

সত্য ঘটনা প্রকাশ্যে আনায়

বন্ধ করা হোলো চ্যানেলের সম্প্রচার।

গণতন্ত্র গণতন্ত্র বলে

লাফাই আমরা চিরকাল,

আমরা যা পেয়েছি সেই

গণতন্ত্রের এটাই আসল হাল।

মত প্রকাশের অধিকার

ছিনিয়ে নেওয়া হচ্ছে আজ,

চুপচাপ তা মেনে নেওয়াই কি

দায়িত্বশীল নাগরিকের একমাত্র কাজ?

আর কতো কাল থাকবো আমরা

চুপচাপ সব সহ্য করে?

সময় এসেছে এবার সবাই

আওয়াজ তোলো উচ্চস্বরে।

২৩) মুখোশ

মনে পড়ে আয়লার কথা?

আজ থেকে ঠিক এগারো বছর আগে

হয়ে যাওয়া সেই বিধ্বংসী ঝড়ের কথা?

যে ঝড় কেড়ে নিয়েছিল,

একগাদা মানুষের তাজা প্রাণ?

হিজিবিজি

যে ঝড় করেছিল লাখের ওপর

লোককে গৃহহারা?

যাদের মাথার ওপর ছিল না কোনো ছাদ

সোজা রাস্তায় এসে পড়েছিল তারা।

মনে পড়ে এসব কথা?

মনে পড়ে সেদিনও রাজ্যের সরকার

হয়ে গেছিল একেবারে উদভ্রান্ত?

সেদিনও তাদের প্রয়োজন ছিল

কোটি কোটি টাকার?

সামাল দিতে সেই অকল্পনীয় দুর্যোগের ক্ষতি।

সেদিনও তারা করেছিল কেন্দ্রের কাছে দরবার

আর্থিক সাহায্যের আবেদন নিয়ে।

শুধুমাত্র রাজ্যের দুর্গত মানুষগুলোর স্বার্থে,

তাদের পুনর্বাসনের স্বার্থে।

মনে পড়ে কি ছিলো আপনার সেদিনের ভূমিকা?

কয় ফোঁটা অশ্রু বিসর্জন দিয়েছিলেন

ওই দুর্গত মানুষগুলোর স্বার্থে?

শত্রুতা মূলক আচরণ ছিলো আপনার

সেদিনের ওই দুর্গত মানুষগুলোর প্রতি।

ছুটে গিয়েছিলেন আপনি দিল্লীতে

হিজিবিজি

কেন্দ্রের কাছে দরবার করতে,

যাতে রাজ্যকে কোনো আর্থিক সাহায্য

মঞ্জুর করা থেকে বিরত থাকে কেন্দ্রের সরকার।

আপনি চেয়েছিলেন রাজ্যের সরকারকে

বিপদগ্রস্ত করতে,

শিকার বানাতে চেয়েছিলেন

সেদিনের ওই দুর্গত মানুষগুলোকে

আপনার নোংরা রাজনীতির খেলার।

ইতিহাস ঘুরে আসে - এসেছে।

আজ আমফান ফেলেছে আপনাকে

সেদিনের সরকার পড়েছিল যে পাঁকে।

আজ দরবার করতে হচ্ছে আপনাকেও

আর্থিক সাহায্যের কারণে

কেন্দ্রের সরকারের কাছে।

তাকিয়ে দেখুন কেউ করছে নাকি বিরোধিতা

আপনার এই দাবীকে নিয়ে?

ভালো করে দেখুন বিরোধীরাও

মেলাচ্ছে গলা আপনার সাথে সমস্বরে।

সবাই মিলে ঝাঁপিয়েছে একসাথে

বাংলার স্বার্থে, বাংলার দুর্গত মানুষের স্বার্থে।

হিজিবিজি

চোখ মেলে দেখুন এর মধ্যে নেই

কোনো নোংরা রাজনীতির খেলা।

কেউ চাইছে না সুযোগের সদ্ব্যবহার করতে।

যে সেনাবাহিনীর প্রতি আপনি ছুঁড়েছিলেন

অপমান জনক মন্তব্য,

আজ তাদেরই সাহায্য নিতে হচ্ছে আপনাকে

অবস্থা সামাল দিতে।

তবুও নেই কারও মুখে কোনো টিপ্পনী।

কারণ সবাই নির্ভেজাল ভাবে চায়

বাংলার বিপদ মুক্তি,

বাংলার দুর্গত মানুষের বিপদ মুক্তি।

আমফান কেড়েছে অনেক মানুষের প্রাণ,

লাখ লাখ লোককে করেছে বেঘর,

করে গেছে বাংলার অপূরণীয় ক্ষতি,

কিন্তু আমফান খুলে দিয়ে গেছে আপনার মুখোশ।

২৪) মানুষ না অমানুষ

তোমরাও তো সবাই ভূমিষ্ঠ হও

মাতৃ জঠর থেকে,

সমস্ত মায়েরাই তার সন্তানকে

জঠরে আগলে রাখে।

ভূমিষ্ঠ হবার আগেও মায়েদের

তীক্ষ্ণ নজর থাকে,

জঠরে লালিত সন্তানটি তার

যেন সুস্থ স্বাভাবিক বাঁচে।

নিজের পেট খালি রাখে না মা

ভাবনা থাকে তার একটিই,

খাবারের অভাবে যেন রুগ্ন না হয়

তার জঠরে শায়িত সন্তানটি।

আমিও ছিলাম মায়ের জঠরে

উঠছিলাম ধীরে ধীরে বেড়ে,

বিনা কারণে তোমরা আমার

জীবনটা নিলে কেড়ে।

হিজিবিজি

কি অপরাধ ছিল মায়ের আমার

যার জন্য তাকে দিতে হোলো প্রাণ?

মানুষ তোমরা তো সভ্য জাতি

ছলনা করে কর খাদ্য দান?

জংলী জানোয়ার হলাম আমরা

তোমাদের ছলনা বুঝি না,

আমার কথা ভেবেই তাইতো

সরল মনে খেতে গেল মা।

তোমরা সভ্য তাই তোমাদের সমাজে

চলেই তো ভ্রূণ হত্যা,

তাই তোমাদের হাত কাঁপে না, কিন্তু

জঙ্গলে চলে না এসব অসভ্যতা।

আমি বেশ গুনছিলাম দিন

একটি একটি করে,

কবে আমি দেখবো পৃথিবীর আলো

হিসেব কষছিলাম মায়ের জঠরে।

সে আলো আমার হোলো না দেখা

আফসোস কোনো নেই আমার,

জানলাম পৃথিবী কতো নিষ্ঠুর

সেথায় আলো নয় আছে অন্ধকার।

হিজিবিজি

আফসোস শুধু একটাই আমার

আমি দেখতে পেলাম না আমার মায়ের মুখটা,

সেই মমতাময়ী মা যে শেষ পর্যন্ত

চেষ্টা চালিয়েছে বাঁচাতে আমার প্রাণটা।

তোমরা তো গর্ব করে বল

তোমরা পৃথিবীর শ্রেষ্ঠ জীব মানুষ,

তোমরা আসলে আমাদেরও অধম

তোমরা মানুষ নও অমানুষ।

২৫) ভুলবো না

কোনো কিছুই ভুলবো না

ভোলা যাবে না,

সব মনে রাখা হবে

মনে রাখতেই হবে।

পকেটে নেই ফুটি কড়ি

পেটে নেই দানাপানি,

কখনোই ভোলা যাবে না

কেউ দায়িত্ব নিতে আসেনি।

বাড়ী থেকে হাজার কিলোমিটার দূরে

এসেছিলাম সব পেটের তাগিদে,

কাজ চলে গেল তবু কেউ

এলো না পেট ভরাতে।

পকেটে নেই বাড়ী ভাড়ার টাকা

নেই টাকা বিদ্যুৎ বিল মেটাবার,

ভুলবো না কখনোই কেউ ভাবে নি

ব্যবস্থা কি হবে আমাদের থাকবার।

বাড়ী ফেরা ছাড়া কোনো পথ ছিল না

কি করে ফিরবো তাও জানি না,

সাহায্য যাদের করার কথা

ভুলি কি করে তারা কেউ এগোলো না?

নিরুপায় হয়ে শুরু করলাম হাঁটা

হাজার হাজার কিলোমিটার অমানুষিক হাঁটা,

মাথায় বোঝা কোলে বাচ্চা

কোনো কিছুই যাবে না ভুলে যাওয়া।

হাঁটছে বুড়ো হাঁটছে বাচ্চা

চটি ছিঁড়ে গেছে সবার,

পায়ে ফোস্কা দগদগে ঘা

সময় ছিল না কারও ভাবার।

হাঁটতে হাঁটতেই কতো সাথী

হারালো তাদের প্রাণ,

ভুলবো না কখনোই আমরা কিছুই

পাই নি সরকারী ত্রাণ।

স্বপ্ন দেখেছে কে নাকি ব'লে

হাওয়াই চপ্পল পরা লোক উঠবে প্লেনে,

কতো বড় মিথ্যে ভাষণ এটা

আমরা সবাই গিয়েছি জেনে।

যা সয়েছি যা দিয়েছি বলিদান

সবাই আমরা রাখবো মনে,

ভুলবো না আমরা কোনোকিছুই

যাবে না ভোলা কোনো ক্ষণে।

২৬) নব্য ঘরে বাইরে

চীনা সেনারা কোরলো ঘৃণ্য আক্রমণ

নৃশংসতাকেও যা হার মানায়,

আমাদের জওয়ানরা কুড়ি জন

হলেন শহীদ নিরস্ত্র অবস্থায়।

ধিক্কার জানানোর ভাষা কিছু নেই

এই নৃশংস আক্রমণ কে,

স্যালুট জানাই দেশরক্ষার্থে

প্রাণ ত্যাগী আমাদের মহান জওয়ান দেরকে।

ফুটছে রক্ত দেশব্যাপী আজ

সমস্ত নাগরিকের,

চাইছে নিতে বদলা সবাই,

তাই বর্জন কর পণ্য চীনের।

প্রচার ছড়াচ্ছে সারা দেশ জুড়ে

বয়কট কর চীনের পণ্য,

চীনা মোবাইল থেকে চীনা মোবাইলেই

প্রচার করে মানুষ আজ হচ্ছে ধন্য।

মনে পড়ছে ঘরে বাইরের

হিজিবিজি

সন্দীপের কথা ভীষণ ভাবে,

স্বদেশী আন্দোলনের নেতা কিন্তু

পকেটে বিদেশী সিগারেট ই থাকে।

দীপ্তকণ্ঠে বলে সে নিখিলকে

এই একটা ব্যাপার জানো নিখিল,

যায় না করা কোনোই আপোষ

দেশী সিগারেট এ স্বাদের অমিল।

আজও বাজারে প্রচুর সংখ্যায়

সন্দীপের ছড়াছড়ি,

যাদের বাড়ীতে প্রচুর চীনা সামগ্রী

তবু ডাক দেয় এস বয়কট করি।

নিখিল দেখেছিল তার গরীব প্রজাদের

ক্রয় ক্ষমতা আর সামর্থ্য,

বিদেশী পণ্য সস্তার কারণে

করেনি বয়কট বিদেশী পণ্য।

সন্দীপরা আজও চাইছে সবাই

চীনা সামগ্রী করতে বর্জন,

কতিপয় নিখিল গরীবের স্বার্থে

চাইছে সস্তার এই সামগ্রীর গ্রহণ।

হিজিবিজি

করতে যদি হয় বর্জন

বাতিল করুক সরকার বাহাদুর,

চীনের সাথে সবরকমের

বানিজ্য চুক্তি আছে যত রূপ।

২৭) যদি পারো ক্ষমা কোরো

যদি তুমি পারো

আমাদের ক্ষমা কোরো,

আমরা পারি নাই তোমাকে

ধরে রাখতে।

অকালে তোমাকে

হারাতে হোলো প্রাণ,

আমরা পারি নাই সব

ভেঙ্গে তছনছ করতে।

তোমার মা বাবার অসহায় মুখ

হিজিবিজি

বুকফাটা কান্না,

দেখেছি এসব তবুও আমরা

পারি নাই তাঁদের পাশে দাঁড়াতে।

বারে বারে দেখছি

তোমার নিষ্পাপ মুখখানি,

তবু আমরা পারি নাই

মোমবাতি হাতে এ্যাকাডেমির সামনে

জমায়েত হতে।

তোমার অকালমৃত্যু

সমাজকে দিয়েছে নাড়িয়ে,

তবুও আমরা পারি নাই

কলম কাগজ নিয়ে বসতে।

তোমার মৃত্যু বেদনা দায়ক

স্বীকার করতে নেই কোনো বাধা,

কিন্তু আমরা পারি নাই

মেরুদণ্ড সোজা রেখে এর প্রতিবাদ জানাতে।

বুদ্ধি বেচে খাই আমরা শুভ্র

সমাজে আমরা বিশিষ্ট স্থানের অধিকারী,

তবু আমরা পারি নাই

লকার থেকে আমাদের বুদ্ধিগুলোকে

বের করে আনতে।

আমরা পারি নাই আমরা পারি নাই

আমরা পারি নাই তোমার মৃত্যুতে

বিন্দুমাত্র শোক জানাতে,

যদি পারো আমাদের ক্ষমা কোরো।

২৮) তফাৎ শুধু শিড়দাঁড়ায়

আমি তুমি সবাই মানুষ

তফাৎ শুধু শিড়দাঁড়ায়,

ঠিক বলেছো ঠিক বলেছো

একদম ঠিক কবিমশায়।

তোমার লেখা কবিতা পড়ে

হয়েছি আমরা ধন্য,

হিজিবিজি

সোজা শিরদাঁড়ার মানুষ বলে

তোমায় করেছি গণ্য।

এ কোন চেহারা পাচ্ছে প্রকাশ

হে কবিবর তোমার আজকাল!

কালো অন্ধকারে দাঁড়িয়ে লিখছো

এসেছে আজ নতুন সকাল।

সারা জীবনে লেখার জন্য

পেয়েছো অনেক সম্মাননা,

আজকে তবে কিসের আশায়

পাল্টে গেল তোমার কবিতার চেতনা?

আমি তুমি সবাই মানুষ

তফাৎ শুধু শিরদাঁড়ায়,

শিরদাঁড়াটি বন্ধক রেখে

এ কথা মুখে শোভা না পায়।

২৯) লোক দেখানো

জীবনে তুমি কখনও তাকে

কর নাই এতটুকু শ্রদ্ধা,

তাতে কিছু যায় আসে না,

অসংখ্য মানুষ দিয়েছে তাকে

শ্রদ্ধা আর অকুণ্ঠ ভালোবাসা।

প্রতি পদে তাকে করেছো তুমি অসম্মান

রেখেছো তার অনেক নিদর্শন,

কারণ ছিল শুধু একটাই

তোমার মতাদর্শ কে করে নি সে কখনও সমর্থন।

প্রলোভনেও পারো নি তাকে ভোলাতে

যেমন ভুলিয়েছো অনেক অবোধ কে,

নিজের মতে ছিল সে অবিচল

তাই সরিয়েছো তাকে সব পদ থেকে।

রাজনীতির সুযোগ ছাড়ো না কখনও তুমি

তাই ছুটে গেছো দলবল নিয়ে,

লোক দেখানো শ্রদ্ধার চিত্রনাট্য নিয়ে

যখন অপু ঘুমের দেশে গেছে চলে।

৩০) ঘর ভাঙ্গার খেলা

ভেঙ্গেছি আমি ভেঙ্গেছি

ক্ষমতার জোরে সবারই ঘর ভেঙ্গেছি,

ভয় দেখিয়ে ভুয়ো কেস দিয়ে

সবারে নিজের দলে টেনেছি।

আমি ভগবান হতে চেয়েছি

আমি একনায়কতন্ত্র কে পুজেছি,

আমার চারপাশে শুধু পদলেহনকারী

এমনটাই দেখতে আমি চেয়েছি।

রাজনীতিতে আমিই একলা

থাকবো বলে আমি ভেবেছি,

আর সব দল হোক সাইনবোর্ড

সেভাবেই আমি চলেছি।

আমি চাইনি কখনও

কেউ মাথা তুলে দাঁড়াক,

আমি চাইনি কখনও কেউ

আমার প্রতিদ্বন্দ্বী হয়ে যাক।

হিজিবিজি

আমি সিদ্ধান্ত নিই একলা একলাই

করি না কারও সাথে আলোচনা,

আমি পারিনি কখনও সইতে আমার

কাজের কোনো সমালোচনা।

বিরূপ মন্তব্য কখনোই আমি

পারি নাই হজম করতে,

পুলিশকে নির্দেশ দিয়েছি তৎক্ষণাৎ

তাকে ধরে জেলে পুরতে।

ভেবেছিলাম আমি এভাবেই

দাপটে কাটাবো কাল,

ভাবি নাই কখনও একদিন হবে

আমারও করুণ হাল।

ভুলেছি আমি ইতিহাস

যা চোখে আঙ্গুল দিয়ে দেখায়,

সারা পৃথিবীতে কোনো সাম্রাজ্যই

কখনও চিরস্থায়ী নয়।

আজ দেখি নিজের ঘরেই

হয়েছে শুরু ভাঙ্গন,

একে একে সব সেনাপতিরা

করছে আমায় বর্জন।

হিজিবিজি

এতকাল ধরে যেভাবে আমি

ভেঙ্গেছি সবার ঘর,

একই ভাবে ভাঙ্গে নিজের ঘর

আমি ব্যর্থ ঠেকাতে সেই ঝড়।

৩১) শান্তির জগৎ

বুকেতে আমার জমে আছে

একরাশ ব্যথা,

জীবনটাকে করে রেখেছে

নিদারুণ অশান্ত।

ভুলে যেতে চাই সব কিন্তু

পিছু ছাড়ে না,

মন থেকে ঝেড়ে ফেলতে চাই সব

কিন্তু পিছু ছাড়ে না,

কিছুতেই পিছু ছাড়ে না।

হিজিবিজি

কথায় বলে কাঁদলে পরে নাকি

মন হালকা হয়,

আমি তো কেঁদেছি অনেক

নীরবে নিভৃতে।

কই মন তো আমার

হয় নি এতটুকু হালকা,

ব্যথাগুলো তো আমাকে ছেড়ে

কোথাও চলে যায় নি,

সেগুলো তো কিছুতেই পিছু ছেড়ে যায় না।

আমি খুঁজে ফিরি একটুখানি

শান্তির জগৎ,

যেখানে থাকবে না আমার বুকের

এই ব্যথাগুলো,

আমার মনে ভীড় করে আসবে না বুকের

এই ব্যথাগুলো,

কিন্তু খুঁজে পাই না সেই জগৎ আছে কোথায়।

তবু আমি খুঁজে যাই, শুধু খুঁজে যাই

সেই শান্তির জগৎ আছে কোথায়?

৩২) রাজনীতিক

আমি করি রাজনীতি

আমার মতিগতি বোঝা দায়,

জনতা বুঝবে আমার মন

এমন সাধ্য কারও নাই।

এই আছি এই দলে

কখনো যাব ছেড়ে ও দলে,

ভাইকে রেখেই আসবো ওখানে

মিলেমিশে থাকবো দু ভাই দুই কূলে।

কাল যাকে দিতাম গালি

তলায় তলায় তার সাথেই ভাব,

ছেলেকে বোলবো তুই বাবা যাসনে সাথে

তুই ওই দলেতেই থাক।

হিজিবিজি

কাল যাকে বলেছি চোর

আজ সে আমার বন্ধু ঘোর,

স্বামীর দল ছেড়ে তার হাত ধরেছি এখন

এবার বোলবো স্বামীর দলকে চোর।

আমি আছি এক দলে

চোর বলি অন্য দলের সবাইকে,

সেই অন্য দলে কিন্তু আমার স্ত্রী

এইভাবেই বানাই বোকা গোটা জগৎটাকে।

আজ যারে বলি বুর্জোয়া

কাল তারে করি সমর্থন,

পরশু সমর্থন ফিরিয়ে নিই

বাঁচতে গিয়ে আবার করতে হয় মিলন।

যার হাত ধরে ঢুকেছি রাজ্যে

এখন সেই প্রধান প্রতিদ্বন্দ্বী,

প্রতিদ্বন্দ্বী হয়েও করেছি অনেক গট আপ

তবে এখন এঁটেছি অন্য ফন্দী।

হিজিবিজি

স্টুডিওতে বসে যারে দিই গালি

উচ্চস্বরে গলা তুলে,

পদের লোভে আমি এখন

তারই দলে সব ভুলে।

কাছা ধরে যার মেরেছি টান

চরম বিপ্লবী হতে গিয়ে,

দল থেকে হয়ে বিতাড়িত

তার দলেতেই গিয়েছি ভিড়ে।

এম এল এ ছিলাম বিপ্লবী দলের

গিয়ে ভিড়লাম ছোট ফুলে,

গেরুয়া রং ই এখন লাগছে ভালো

অন্য সমস্ত রং ভুলে।

স্টুডিওতে বসে টিপ্পনী কাটা

আর করেছি যাকে চরম বিদ্রূপ,

পদের জন্য স্ত্রী সমেত তারই দলে, তবে

জনতা এখন পায় না দেখতে আমার মুখ।

হিজিবিজি

কখনো সখনো আমি

দল পাল্টাই মনোমালিন্যের ফলে,

নতুন দলে হাওয়া না পেয়ে পালে

আবার ফেরত যাই পুরোনো দলে।

দলবদলের এই রাজনীতিতে

কবে কি বলেছি সেটা,

কখনোই হয় না কোনো ফ্যাক্টর

রাজনীতির নিয়ম ই এটা।

সবশেষে বলি যেটা মন দিয়ে শোন

আমার নেই কোনো আদর্শ নেই কোনো নীতি,

মুখে বলি মানুষের কথা তবে

পেট ভরি নিজের আর ভালোবাসি দুর্নীতি।

৩৩) শীতের সকাল

বেশ জাঁকিয়ে পড়েছে শীত

কুয়াশার চাদরে ঢেকেছে চারিদিক

বাচ্চা বুড়ো সবাই জবুথবু

একটুখানি রোদের খোঁজে সবাই

ছুটে বেড়াচ্ছে এদিক থেকে ওদিক।

সূয্যিমামা ঢেকেছে তার মুখ

রোদের দেখা তাই নেই কোথাও

রাস্তা একেবারে জনশূন্য

কার্ফু চলছে দেখে মনে হয়

মাঝে মাঝেই উঁকি দিয়ে দেখছে কেউ কেউ

সব্জীর ঠেলাগুলোর যদি হঠাৎ দেখা পাওয়া যায়।

মাছ মাছ ডাক যায় না আজ শোনা

উদ্বিগ্নভাবে ঘর বারান্দা করে কতজন

প্রতিবেশীকে শুধায় কাঁপা গলায়

হিজিবিজি

একটাও মাছওয়ালার দেখা নেই আজ

এই ঠান্ডায় সব গেল কোথায়?

এরই মধ্যে দূরে দেখা যায়

আগুন জ্বালিয়ে লোকে করেছে ভীড়

লেগেছে একটু ঠেলাঠেলি

সবাই ই চায় শরীরটাকে একটু সেঁকে নিতে

ঠান্ডায় সবার শরীর যে হয়েছে একেবারে হিম।

হঠাৎ করেই ডাক শোনা যায়

রস রস খাঁটি খেজুরের রস

আগুন ছেড়ে হুড়মুড়িয়ে দেয় সব ছুট

যেন ঠান্ডাটা হঠাৎ গেছে তাদের ছেড়ে

সবাই ছোটে রসের আস্বাদ গ্রহণে।

ফিরে আসে মুখে পরম তৃপ্তির হাসি নিয়ে

যেন করে এসেছে বিরাট লড়াই জয়

এসেই বোঝায় বাকি সবাইকে

ঠান্ডা না পড়লে পরে

খেজুরের রসের স্বাদ কোথায়?

বেলা বাড়ার সাথে সাথেই

সূয্যিমামার মুখ দেখা যায়

আস্তে আস্তে ব্যাগ হাতে নিয়ে

সবাই বাড়ীর বাইরে পা বারায়

বাজারের দিকে পা বাড়িয়ে প্রতিবেশীদের সাথে

মন খুলে রাজনীতির কথা শুরু হয়।

৩৪) জীবন্মৃত

আমরা সবাই বাঁচতে চাই

মরতে আমরা চাই না কেহ,

কিন্তু আমরা বেঁচে থেকেও

হয়ে আছি জীবন্মৃত।

হিজিবিজি

আমরা ফেসবুকে আছি আড্ডায় আছি

আছি টিভি সিরিয়ালে খোশমেজাজে,

আমাদের কি কাজ আছে বল

জড়িয়ে ওসব বাদ প্রতিবাদে?

আপনি বাঁচলে বাপের নাম

ভুলি না আমরা এই প্রবাদ,

তাই অন্য যেই ই হোক আক্রান্ত

দূরে থাকাই আমাদের স্বভাব।

আমিও হচ্ছি রোজ আক্রান্ত

বুঝছি আমি ভালোই সেটা,

তবুও আমি প্রতিবাদে নেই

বুদ্ধিমানের কাজই এটা।

আছি তো বেশ দুধে ভাতে

কার কি হোলো তাতে আমার কি?

আমি কেন যাই ঝামেলায়

কেন ডেকে আনি ঘোর অশান্তি?

হিজিবিজি

শিরদাঁড়া তো আমাদের ও আছে

আর সবারই মতো,

সোজা বাঁকা যাই হোক সেটা

এড়িয়ে চলি ঝামেলা যত।

নির্ঝঞ্ঝাট জীবনই ভালো

অশান্তি আমরা চাই না কেহ,

তাই তো বলি বেঁচে থেকেও

হয়ে আছি আমরা জীবন্মৃত।

৩৫) এই বেশ ভালো আছি

এই বেশ ভালো আছি

দিনের বেলায় অফিস বাড়ী সন্ধ্যেতে ক্লাব,

ক্লাব না হলে অন্য ঠেকে

অথবা বার কিস্তা পাব।

হিজিবিজি

করোনা হোলো জাতির অভিশাপ

কিন্তু তারই দৌলতে পেয়েছি ছাড়,

করোনা ভুলিয়েছে স্কুল কলেজ

হাতে নেই সময়ের অভাব।

সময় কাটছে কিছুটা বাগানে

নয়তো আড্ডায় চায়ের দোকানে,

চলছে আলোচনা গরম সেখানে

বাঁক নিচ্ছে বিতর্ক ঝড় তুফানে।

কেউ তখন পালিয়ে বাঁচে

জড়াতে চায় না এসব ঝামেলায়,

অথবা অস্বস্তিতে পড়ে কেউ

বিঘ্ন ঘটায় সাম্প্রতিক পরিস্থিতির পর্যালোচনায়।

অনেকে আবার আছেন এমন

সব ঘাটের ই জল খান,

যখন থাকে যে ক্ষমতায়

তার দিকেতেই ভিড়ে যান।

হিজিবিজি

অনেকেই এসব এড়িয়ে চলেন

দাদাকে করতে চান না রুষ্ট,

গ্যাসের দাম বাড়লে পরে

ডেলিভারি বয়কে কথা শুনিয়েই

হন তেনারা খুব সন্তুষ্ট।

পেট্রল পাম্পে তেল ভরে

বিল মেটানোর সময়,

পকেটে কতোটা পড়ছে টান

বোঝে সবাই কিন্তু বিরুদ্ধে আওয়াজ কোথায়?

বাজারে গিয়ে দাম শুনে

সবারই চক্ষু চড়কগাছ,

সবজিওয়ালাকেই দু চার গালি

দিয়েই আমাদের খোশমেজাজ।

প্রেমের কবিতা লিখি আমি

প্রতিবাদে নেই আমার কলম,

যতোই হই আমি নিজেও আক্রান্ত

হিজিবিজি

প্রকাশ্যে কখনোই লিখবো না এমন।

দেখছি আমি কৃষকদের উপর

আর চাকরী প্রার্থীদের উপর সরকারী নিপীড়ন,

আমি চাই না জড়াতে ঝামেলায়

করি না কোনো আন্দোলন কে সমর্থন।

এঁরা ছাড়াও আছেন অনেকেই

রাস্তায় নেমে লড়ছেন তাঁরা,

লড়াই তাদের জনতার ই স্বার্থে

তবু প্রকাশ্য সমর্থনে নেই আমরা।

লাখ লাখ লোক হারাচ্ছে কাজ

নতুন চাকরী নেই কোনো আজ,

তবু বিতর্কে যেতে চাই না আমরা

যদিও সন্তানের জন্য কপালে পড়ে

বড়ই চিন্তার ভাঁজ।

হিজিবিজি

রাষ্ট্রায়ত্ত শিল্প হচ্ছে ধ্বংস

বিক্রি হচ্ছে রেল, কয়লা,ব্যাঙ্ক, বীমা,

শুরু হবে কর্পোরেট রাজ

আমাদের কিছু যায় আসে না।

আমরা দিনে রাতে ধর্ম খাই

মন্দির মসজিদে আছি সবাই,

যতোই বল তবুও আমরা

কোনোরকম প্রতিবাদে নাই।

আমরা হলাম আবার বিশেষ শ্রেণীর

জনতা ডাকে আমাদের বিদ্বজ্জন,

তবে ক্ষেত্রবিশেষেই অনুভব আমাদের

আওয়াজ তোলা খুব প্রয়োজন।

চায়ের দোকানে, ক্লাবে, আড্ডায়

গলা তোলাতে আমরা রাজী,

প্রকাশ্যে প্রতিবাদে নেই আমরা

মাফ করবেন, এই বেশ ভালো আছি।

৩৬) তুমি আসবে বলে

সকালবেলা ঘুম থেকে উঠেই

নজর দিলাম ঘরটার দিকে

চারিদিকে হয়ে আছে অগোছালো জঙ্গল

কোমর বেঁধে লেগে পড়লাম গোছাতে

তুমি আসবে বলে।

দেওয়ালে ভরে আছে ঝুল আর

একগাদা মাকড়সার জাল

লেগে পড়লাম ঝুলঝাড়ু নিয়ে

গোটা দেওয়ালটা করে ফেললাম পরিস্কার

তুমি আসবে বলে।

নজর পড়লো ঘরের কোণে

টি টেবিলটার দিকে

একগাদা বই আর পেপারের অগোছালো ভীড়

করে ফেললাম সেগুলোকে একদম পরিপাটি

তুমি আসবে বলে।

হিজিবিজি

বিছানার চাদরটায় কেমন যেন

একটা তেলতেলে ভাব

মন মানলো না কিছুতেই

আলমারি থেকে একটা নতুন চাদরই পাতলাম

তুমি আসবে বলে।

সকালের খাবারটাও হোলো না ঠিকমতো

কোনোরকমে সারলাম স্নান

আর দুপুরের খাওয়া

বসে থাকলাম অপেক্ষায় রাত পর্যন্ত

তুমি আসবে বলে।

মাঝে কখন যেন

বোধহয় স্নানের পরে

নিজের অজান্তেই পরে ফেলেছি

পূজোর সময় তোমার দেওয়া পাঞ্জাবি টা

তুমি আসবে বলে।

হিজিবিজি

তুমি এলে না

খবর পেলাম সিনেমায় গেছ সন্দীপের সাথে

ইচ্ছে হচ্ছিল ঘরের সবকিছু তছনছ করে দিই

মনকে বললাম ঘরটাতো সুন্দর গোছানো হোলো

তুমি আসবে বলে।

মনকে বোঝালাম তোমার আসাটা

পারে না তো হতে কখনও আমার দাবী

যতোই আমি ঘর গোছাই না কেন

যতোই আমি অপেক্ষায় বসে থাকি না কেন

তুমি আসবে বলে।

৩৭) পথিকের গল্প

পথিক চলেছে হেঁটে

কয়েক দশক ধরে,

তার উপর ন্যস্ত দায়িত্বগুলো

কাঁধে করে নিয়ে বয়ে।

পথ তার বিরাট লম্বা

হয় না তার শেষ,

হেঁটেই চলেছে সেই পথিক

নেই ক্লান্তির কোনো লেশ।

একে একে সব দায়িত্বগুলো

সেরে চলেছে পথিক,

পথেই আলাপ কতো কার সাথে

প্রেমিকাও জুটেছে সঠিক।

একদিকে সে দায়িত্ব সারে

অপরদিকে দায়িত্ব বাড়ে,

হিজিবিজি

তবু পথিকের নেই কোনো ক্লান্তি

হাঁটতে হাঁটতেই সব দায়িত্ব

নিয়েছে সে তার ঘাড়ে।

দিন যায় মাস যায়

বছর আসে ঘুরে,

অসুখ বিসুখে ক্লান্ত পথিক

পড়েছে কিছুটা নুয়ে।

পথিকের মনে জমেছে অনেক

ব্যথা বেদনা আজ,

পথ চলতে চলতেই জীবনে সে

পেয়েছে বড় বড় আঘাত।

ঘনিষ্ঠ লোকেদের আচার আচরণে

ভেঙ্গেছে পথিকের মনের বল,

আপন লোককে দেখেছে চলতে

নিয়ে স্বার্থ, চাতুরী আর ছিল।

এখনও অনেক কাজ বাকী

97

হিজিবিজি

ভালোভাবেই পথিক জানে,

তবুও সে আজ খুঁজতে বসেছে

তার জীবনের মানে।

আশাহত সেই ক্লান্ত পথিক

পারছে না আর পথ চলতে,

কাজ বাকী রেখেই চাইছে সে আজ

সবকিছু থেকে ছুটি পেতে।

কিন্তু পথিকের লড়াকু মন

দেয় না সায় এতে,

দোটানায় পড়ে ক্লান্ত পথিক

শুরু করে আবার পথ চলতে।

জানে না তার অবসন্ন শরীর

কতদিন দেবে সাথ,

করে যাবে সে দায়িত্বপালন

গোটাবে না তার হাত।

৩৮) মনের কোণে

তুমি আজও আছো

মনের এক কোণে,

যদিও তোমার সাথে প্রথম আলাপের দিনটি

পড়ে না আজ আর মনে।

তুমি আজও আছো

মনের এক কোণে,

যদিও বেশীদিন মেলামেশার সুযোগ

পাই নি তোমার সনে।

তুমি আজও আছো

মনের এক কোণে,

যদিও তোমার সাথে মেলামেশার দিনগুলো

মনে পড়লে বড় ব্যাথা জাগায় মনে।

হিজিবিজি

তুমি আজও আছো

মনের এক কোণে,

যদিও জানিয়েছিলে তোমার আমার মেলামেশা

পৌঁছবে না আমাদের দাম্পত্য মিলনে।

তুমি আজও আছো

মনের এক কোণে,

যদিও তুমি গিয়েছিলে চলে

আমায় ছেড়ে অন্য কারও সনে।

তুমি আজও আছো

মনের এক কোণে,

যদিও তুমি গেছো চলে

এ জগৎ ছেড়ে অমৃতলোকের পানে।

তুমি আজও আছো

মনের এক কোণে,

আজকাল বড় ক্ষণে ক্ষণে

তোমার কথা পড়ছে মনে।

হিজিবিজি

তুমি থাকবে চিরকাল আমার

মনের এক কোণে,

যদিও দাম্পত্য জীবনে আবদ্ধ

হয়েছি আমি কারও সনে।

৩৯) তারাপীঠ দর্শন

এই শুনছো?

চল না দুদিনের জন্য

তারাপীঠ ঘুরে আসি,

তড়াক করে লাফিয়ে বলে

তাআরাপীঠ, শুনি কিসের এতো খুশী।

গত মাসে বলেছিলুম

মনে আছে দীঘা যাওয়ার কথা?

তখন আমায় শুনিয়েছিলে

গাঁটে না ট্যাঁকে কোথায় যেন ব্যথা?

হিজিবিজি

তা এ মাসে কি

সেরে গেছে সেই ব্যথা?

তাই বুঝি মনে পড়ছে

তারাপীঠ যাওয়ার কথা?

আহাহা তুমি বোঝো না

দীঘার চেয়ে তারাপীঠে খরচ অনেক কম,

তার উপরে তারাপীঠে গেলে

হয়ে যাবে তারা মা এরও দর্শন।

হঠাৎ করে ধেয়ে এলো

একটা বালিশ আমার দিকে,

বুঝলাম আমি বিপদ আছে

কথা বাড়ালে হয়তো চেপে বসবে বুকে।

দশাসই ওই চেহারা নিয়ে

চেপে বসে যদি আমার বুকে,

বাড়ীর লোককে কাঁদতে হবে

অসময়ে আমার চলে যাওয়ার শোকে।

চুপচাপ অগত্যা পাশ ফিরলাম

টেনে নিয়ে কম্বলটাকে গায়ে,

ভয়ে ভয়ে চোখ বুঁজলাম

তারা মায়ের নাম নিয়ে।

৪০) শঙ্খ প্রণাম

চলে গেলে তুমি

অন্তিম যাত্রায়,

তোমার আর রোইলো না

এ সমাজের প্রতি কোনো দায়।

যে দায় এতোদিন ফুটে উঠেছে

তোমার লেখা একের পর এক কবিতায়।

নির্ভীক দৃপ্তকণ্ঠে প্রকাশ করেছো যা

একেবারে নির্দ্বিধায়।

হিজিবিজি

যেখানে আর সবাই চুপ করে থাকে

কলম লুকিয়ে আস্তিনের তলায়,

শুধু তুমিই তো ছিলে

প্রতিবাদটা করতে জোর গলায়।

অপমান তিরস্কার ধেয়ে গেছে

তোমার দিকে বারংবার,

কিন্তু তাও কলম বন্ধ করে

রাখো নি বালিশের তলায়।

সেই তুমিই আজ শূণ্যতা তৈরী করে

চলে গেলে অন্তিম যাত্রায়,

চলে গেলে বটে তবে মনে রেখো

থেকে যাবে তুমি চিরকাল

আমার মতোই অনেকের মনের এক কোণায়।

বিহ্বল চিত্তে নতমস্তকে

প্রণাম জানাই তোমায়।

৪১) অসুর বধ

হে মা মহিষাসুরমর্দিনী

এসেছিস তুই মর্ত্যলোকে,

চলে যাবার আগেই তোকে

কিছু কথা চাই জানাতে।

মহিষাসুর বধ করেছিস তাই

মর্ত্যলোকে হয় তোর পূজা,

অসুরের দল তো আজও মানুষের

রক্ত চুষে লুটছে মজা।

তুই কি মা পাস না দেখতে

নারী জাতির উপর অত্যাচার?

নারী হয়েও থাকিস চোখ বুজে

সয়ে যাস এই অনাচার!

হিজিবিজি

গরীবের রক্ত চুষে খেয়ে

সিন্দুক ভরায় রক্তচোষার দল,

নিজেদের আখের গোছাতে এরা

গরীবের গলায় ঢালছে গরল।

ক্ষমতার অলিন্দের অসুর গুলো

করেই চলেছে অনাচার,

মানুষ পায় না দুবেলা খেতে

আর এদের ঘরে টাকার পাহাড়।

মানুষের মাথায় নেইকো ছাদ

ফুটপাতেই কাটে তাদের রাত,

তাকিয়ে দেখ মা এই অসুর গুলোর

কতো সম্পত্তি, কতো রাজপ্রাসাদ!

তোর ছেলে মেয়েরা পায় না কাজ

শিক্ষিত হয়েও সবাই বেকার,

অসুর গুলোর দিকে দেখ মা তাকিয়ে

এরা করে ধর্মের কারবার।

হিজিবিজি

মানুষের মধ্যে বিভেদ করতে

এরা ধর্মকেই করে হাতিয়ার,

ধর্মীয় বিভেদ তৈরি করে

এরা জনজীবন কে করে ছারখার।

মানুষের অধিকার বিক্রি করে

যক্ষের ধন জমায় এই অসুর কুল,

শিক্ষিত যুবক যুবতীর প্রাণ নিচ্ছে কেড়ে

এই অসুর কুলের বিষাক্ত হুল।

একটিবার দেখ মা গিয়ে

গান্ধী মূর্তির পাদদেশে,

তোর ছেলে মেয়েদের কী দুর্দশা

অসুর গুলো করেছে শেষে!

আইনের শাসন নেই কিছু আর

আইন বিভাগ ঢুকেছে পকেটে,

আইনের রক্ষকরাও অসুরদের সাথে

মানুষ নাজেহাল এই অসুর কুলের দাপটে।

তুই কি মা থাকবি চোখ বুজে

নীরবে তুই সয়ে যাবি সব?

এই বারটি তোকে বলতেই হবে

কবে করবি এই অসুর কুল কে বধ?

৪২) স্বাধীনতা তুমি কার

স্বাধীনতা তুমি কার?

সত্যিই কি তুমি সবার?

আজও কেন দিলে না মোদের

একটু ঠাঁই মাথা গোঁজবার?

ফুটপাতেই জন্ম নেওয়া

ফুটপাতেই বড় হওয়া,

আমাদের তো জোটে না এখনও

পেট পুরে দুবেলা খাওয়া।

হিজিবিজি

বড়লোকের বাড়িতে দেখি

বাচ্চাদের কতো যত্ন,

আমাদের তো দেখতে নেই

ওসব অলীক স্বপ্ন।

স্বাধীনতা তুমি কার?

সত্যিই কি তুমি সবার?

শিক্ষিত হয়েও পেলাম না মোরা

আজও কেন রোজগারের অধিকার?

আমরা বেকার যুবক যুবতীরা

হন্যে হয়ে খুঁজি চাকরী,

চাকরী দেশ থেকে নিয়েছে বিদায়

বেড়েই চলেছে বেরোজগারী।

চাকরীর পরীক্ষায় পাশ করেও

করতে হয় অনশন,

আর আমাদের অধিকার বিক্রি করে

নেতারা জমায় কালো ধন।

হিজিবিজি

আজও যখন আন্দোলনে

পুলিশ এসে লাঠি চালায়,

স্বাধীনতা, তখন কিন্তু এই ঘটনা

পরাধীনতার সময়কেই স্মরণ করায়।

স্বাধীনতা তুমি কার?

সত্যিই কি তুমি সবার?

আজও এক সারিতে সবার সাথে

পেলাম না আমরা বসার অধিকার।

আজও আমাদের ছায়া যখন

বাবুদের গায়ে গিয়ে পড়ে,

বেঁধে পেটায় বাবুরা আমাদের

সবার সামনে নগ্ন করে।

আর আমাদের ঘরের মেয়েরা

রাতে নয় অস্পৃশ্য ,

উঠিয়ে নিয়ে যায় মদ্যপ বাবুরা

ছিঁড়ে খুবলে খেয়ে তাদের মনে জাগে হর্ষ।

হিজিবিজি

স্বাধীনতা তুমি কার?

সত্যিই কি তুমি সবার?

আজও কেন পেলাম না আমরা

ইচ্ছে মতো ভালোবাসার অধিকার?

ভালোবাসার দিন উদযাপন

সে নাকি পাশ্চাত্য সংস্কার,

হাজির হয় নীতি পুলিশের দল

কপালে জোটে অত্যাচার।

ধর্ম কেন ভালোবাসার পথে

আজও বাধা হবে?

ভিন্ন ধর্মের যুগলের মিলনে

সমাজ কেন পথ রুখবে?

স্বাধীনতা তুমি কার?

সত্যিই কি তুমি সবার?

আজও কেন পেলাম না আমরা

মত প্রকাশের অধিকার?

হিজিবিজি

আজ্যও কেন মত প্রকাশে
শাসক টানে রাশ?
আজও কেন শাসকের সমালোচনায়
করতে হয় হাজতবাস?

শাসকের ভুল ধরতে আজও
কাঁপে কেন সবার বুক?
স্বাধীনতা ও স্বাধীনতা
এটাই কি তোমার আসল রূপ?

স্বাধীনতা তুমি কার?
সত্যিই কি তুমি সবার?
আজও আমরা পেলাম না তো
ইচ্ছে মতো খাবার অধিকার।

আজও আমরা পছন্দের খাবার
পারি না মজুত রাখতে ঘরে,
লেঠেল বাহিনী পৌঁছে গিয়ে
পিটিয়ে নিচ্ছে জীবনটা কেড়ে।

হিজিবিজি

ইচ্ছে মতো খাওয়া, পরা

তার ওপরেও জারি ফরমান,

স্বাধীনতা তাকিয়ে দেখো

ধূলোয় মিশছে তোমার মান।

স্বাধীনতা তুমি কার?

সত্যিই কি তুমি সবার?

নজর তুলে দেখেছ্যা কখনো

আমাদের দিকে একটি বার?

সকাল থেকে সাঁঝের বেলা

দোরে দোরে ঘুরে ফিরি,

পেটের দায়ে বৃদ্ধ বয়সেও

স্বাধীনতা, আমরা যে ভিখিরি।

বাবুদের বাড়ির অতিরিক্ত খাবার

ডাস্টবিনেতে জমে,

সেখান থেকে কুড়িয়ে খুঁটে

আমাদের পেটের জ্বালা কমে।

হিজিবিজি

স্বাধীনতা তুমি কার?

সত্যিই কি তুমি সবার?

এখনও কেন গ্রামে গঞ্জে

পানীয় জলের হাহাকার?

এখনও কেন কিছু গ্রাম

বিদ্যুতের অভাবে অন্ধকার?

এখনও কেন সেসব নিয়ে

সময় হয় না কারও ভাববার?

স্বাধীনতা তুমি কার?

সত্যিই কি তুমি সবার?

গরীবের ঘরে জ্বলে না উনুন

আর নেতা মন্ত্রীর ঘরে টাকার পাহাড়।

পঁচাত্তর বছর পরেও দেখছি মানবতার হার,

সারা দেশ জুড়ে চলছে শুধুই ক্ষমতার অপব্যাবহার।

স্বাধীনতা তুমি কার?

সত্যিই কি তুমি সবার?

৪৩) নূপুরের নিক্কণ

নূপুর থেকে উঠেছে নিক্কণ

তাতে হয়েছে কারো সম্মান হানি,

ধর্মীয় ভাবাবেগে লেগেছে আঘাত

কারো কারো এ কথা মানি।

দেশ জুড়ে অস্থিরতা

শুরু নিক্কণের কারণে,

জল্লাদরা নেমেছে নিতে বদলা

নিরীহ মানুষের জীবন হরণে।

যায় না কখনও উড়িয়ে দেওয়া

ঘটনার পেছনে প্ররোচনা,

নূপুরের নিক্কণের অনেক বাদে

এ রাজ্যে অশান্তির আনাগোনা।

হিজিবিজি

বিচারালয় শুনিয়েছে তাঁদের রায়

এই নিক্বণ ই অশান্তির কারণ মূল,

নূপুর এখন দেশজুড়ে

ধর্ম নিরপেক্ষ মানুষের চক্ষুশূল।

বিচারালয়ের এ রায় সঠিক রায়

জনগণ ও দিচ্ছে বাহবা তাই,

তবে একই ধরনের অন্য ঘটনায় ও

এই রায় ই কিন্তু শুনতে চাই।

তাই মন শুধায় প্রশ্ন বারবার

ভাবাবেগ থাকে কি শুধু বিশেষ ধর্মের?

লাগতে নেই কি ভাবাবেগে আঘাত

কখনো সখনো ভিন্ন মানুষদের?

শিবলিঙ্গ হোক বা ত্রিশুল ই হোক

বা হোক সারদা মায়ের কথা,

বিকৃত মস্তিষ্কের মানুষ কিছু

যখন তাঁদের নিয়ে করে রসিকতা!

হিজিবিজি

ন্যায়াধীশের কেন চোখ বন্ধ

থাকে সে সব সময়?

এ কেমন ধর্ম নিরপেক্ষতা

যা শুধুই একচোখা হয়?

মৌলবাদকে ঘৃণার সাথে

সমাজ করুক বর্জন,

তবে ধর্ম নিয়ে সব বজ্জাতি ই

আদেশ পাক নিক্ষণের মতোন।

৪৪) সততার বনবাস

রাজ্য জুড়ে হয়েছে কায়েম

শুধুই অন্ধকার রাজ,

টাকার পাহাড় দেখে আজ

লোকের চক্ষু চড়কগাছ।

হিজিবিজি

সর্ব ক্ষেত্রেই প্রশাসন

সুশাসন দিতে ব্যর্থ,

কামিয়েছে সবাই দুহাত ভরে

ফেঁসেছে শুধু পার্থ।

শাসকের জালিয়াতি তে

চাকরী প্রার্থীদের চোখে জল,

মন্ত্রী মশাইয়ের আহারে রোজ

আট হাজার টাকার টাটকা ফল।

স্থাবর অস্থাবর সম্পত্তি

ছাড়িয়েছে একশো কোটি,

ছড়িয়ে গেছে রাজ্য জুড়ে

এই পাহাড় প্রমাণ দুর্নীতি।

বিশ্ব জুড়ে আলোচনায় আজ

উঠে এসেছে রাজ্যের নাম,

রাজ্যের মানুষ খুইয়েছেন তাঁদের

যেটুকু ছিল মান সম্মান।

এদের মুখে সততার কথা

শুনে টিকটিকি ও হাসে,

হাসতে হাসতেই বলে ওঠে সে

সততা তো গেছে বনবাসে।

৪৫) রাজনীতির আঙিনা

রাজনীতির লোকদের মুখে শুনি

শুধুই নীতি আদর্শের বুলি,

আমরা জনতাও পরিয়েছি বেশ

নিজেদের চোখে ঠুলি।

হিজিবিজি

শুনতে আমরা ভালোবাসি

নীতিহীন দের মুখে নীতির কথা,

সমস্বরে সবাই সায় দিয়ে তাতে

ঠিক ঠিক বলে দোলাই মাথা।

রাজনীতির লোক যেন সাক্ষাৎ দেবতা

এই জগত চালানোর কান্ডারি মূল,

কু যুক্তির তাদের হয় না অভাব

চোখে ঠুলি পরা মানুষকে বোঝাতে ভুল।

আত্মসমালোচনার নেই কোনো স্থান

রাজনীতি নামক এই সার্কাসের আঙিনা তে,

ভুল করে যদি করে ফেলে কেউ

অবোধের দল দালাল বলে দাগে।

অবোধের দল দেওয়াল জুড়ে

লিখে চলে দলের সমর্থনে,

বোঝে না মূর্খের স্বর্গের অধিবাসী সব

কি চলছে ঠুলি ভা পরা মানুষের মনে।

হিজিবিজি

সমালোচনা করে সাহায্য

এগোতে ভুল শুধরে নিয়ে,

স্তাবকের দলের মাথায় কখনও

এই সহজ সত্য ঢোকে না গিয়ে।

যে কোনো দলকে ডোবাতে যথেষ্ট

চোখে ঠুলি পরা এই স্তাবকের দল,

আগেও পেয়েছে পরেও পাবে

দলগুলি এই স্তাবকতার ফল।

৪৬) স্বাবলম্বী

যাঁদের আঙুল ধরে শিখেছি হাঁটা

যাঁরা শিখিয়েছেন বলতে কথা,

আজ স্বাবলম্বী হয়ে করি না দ্বিধা

তাঁদের মনে দিতে ব্যথা।

হিজিবিজি

যাঁদের কোলে মাথা রেখে

কেটেছে শৈশব স্নেহ মমতায়,

আজ স্বাবলম্বী হয়ে করি না দ্বিধা

ভরাতে তাঁদের মন অসহ বেদনায়।

বাল্যকাল কেটেছে খুশীতে

যাঁদের প্রাণভরা ভালোবাসায়,

আজ স্বাবলম্বী হয়ে করি না দ্বিধা

তাঁদের দুজনকে তাচ্ছিল্য করায়।

লেখাপড়া শিখিয়েছেন যাঁরা

নিজের পায়ে দাঁড়াতে,

আজ স্বাবলম্বী হয়ে করি না দ্বিধা

তাঁদের প্রতি অবহেলা দেখাতে।

যৌবনের প্রতিটা মূহুর্ত

ভাসিয়েছেন যাঁরা সুখের বন্যায়,

আজ স্বাবলম্বী হয়ে করি না দ্বিধা

তাঁদের স্বপ্নকে তুলতে চিতায়।

হিজিবিজি

সারা জীবনের প্রয়োজন যতো

মেটাতে করেছেন পরিশ্রম যাঁরা,

আজ স্বাবলম্বী হয়ে করি না দ্বিধা

তাঁদের প্রয়োজনে করতে অজুহাত খাড়া।

নিজেদের খাবার থেকে বাঁচিয়ে যাঁরা

জুগিয়েছেন আমায় সুস্বাদু খাবার,

আজ স্বাবলম্বী হয়ে করি না দ্বিধা

তাঁদের বলতে জোগাড় কর নিজেদের আহার।

যাঁদের যত্নে, পরিশ্রমে

পেয়েছিলাম ঘর যেন আনন্দ আশ্রম,

আজ স্বাবলম্বী হয়ে করি না দ্বিধা

তাঁদের পাঠাতে বৃদ্ধাশ্রম।

৪৭) সন্ধ্যেবেলায়

সেদিন সন্ধ্যেবেলায় –

সেদিন সন্ধ্যেবেলায় তোমার বাড়িতেও হইচই, ছুটোছুটি;

আমার বাড়িতেও তাই। চীৎকার, চেঁচামেচি।

এ ওকে ডাকে ও তাকে।

তোমার বাড়িতে তোমাকে বিয়ের পরে

বিদায় দেওয়ার ব্যস্ততা;

আমার বাড়িতে তোমার বিরহে একগাদা ঘুমের ওষুধ খেয়ে

ঘুমিয়ে পড়া আমাকে হাসপাতালে নিয়ে যাওয়ার ব্যস্ততা।

সেদিন সন্ধ্যেবেলায় তোমার বাড়িতেও কান্নার রোল

আমার বাড়িতেও তাই।

চারিদিকে সবাই হাউহাউ করে কাঁদছে,

কেউ তোমাকে জড়িয়েও কাঁদছে কেউ আমাকে জড়িয়ে।

তোমার বাড়িতে তুমি এ বাড়ি ছেড়ে নতুন জীবনে,

নতুন বাড়িতে যাচ্ছো তাই কান্না;

আমার বাড়িতে আমার জীবন সংশয়ের জন্য আমি

এ বাড়ি ছেড়ে অন্য বাড়িতে যাচ্ছি তাই কান্না।

হিজিবিজি

সেদিন সন্ধ্যেবেলায় তোমার বাড়ির সামনেও গাড়ি

আমার বাড়ির সামনেও তাই।

তোমার বাড়ির সামনে সুন্দর সাজানো গাড়ি,

নববধূর সাজে ফুল দিয়ে ঢাকা সেই

গাড়িতে নিজেই উঠছো তুমি;

আমার বাড়ির সামনে অ্যাম্বুলেন্স,

যে পোশাকে ছিলাম সেই পোশাকেই সবাই

ধরাধরি করে তুলছে আমায়।

সেদিন সন্ধ্যেবেলায় তোমার বাড়ির সামনেও

লোকের ভীড়,

আমার বাড়ির সামনেও তাই।

তোমার বাড়ির সামনে পাড়া পড়শী ভিড় করেছে

তোমাকে শুভেচ্ছা জানাতে, আশীর্বাদ করতে,

তুমি বিয়ে করে নতুন জীবনে প্রবেশ করছো তাই;

আমার বাড়ির সামনে পাড়া পড়শী ভিড় করেছে

উৎকণ্ঠায়, উদ্বেগে, আমার জীবন ফিরে

পাওয়ার জন্য প্রার্থনায়।

সেদিন সন্ধ্যেবেলায় —

৪৮) মনের দরজা

যেদিন তুমি একগাদা মিথ্যে অভিযোগ আনলে

ছেড়ে গেলে আমার হাত,

বুঝেছি সেদিনই পেয়েছো আমার চাইতে ভালো

অভিযোগ গুলোর ছিল প্রয়োজন কারণ

তোমার চাই অজুহাত।

চোখের কোণে জল এসেছিল

পারি নি তাকে আটকাতে,

বুকের ভেতর ও ছিল তীব্র মোচড়

মাথা নীচু করে মুছছিলাম চোখ দুটো

কিন্তু চাই নি তোমাকে জানান দিতে।

তোমাকে দিয়েছিলাম আমি মনে ঠাঁই

পারবো না কোনোদিন তোমাকে ভুলতে তাই,

যদি কখনও পাও মনে আঘাত তোমার প্রিয়র কাছে

যদি কখনও পুরোনো স্মৃতি মনের কোণে ভাসে

হিজিবিজি

চলে এসো নির্দ্বিধায় আমার দরজা খোলা সদাই।

যদি কখনও আয়নার সামনে দাঁড়িয়ে অনুভব কর তোমার

রূপ করেছে তোমার সাথে বিশ্বাসঘাতকতা,

যদি মনে হয় এড়িয়ে যাচ্ছে তোমার প্রিয়

লজ্জা না পেয়ে ছুটে এসো আমার কাছে প্রিয়া

এ হৃদয় জুড়ে থাকবে চিরকাল তোমার ছবি আঁকা।

রাত বিরেতে ও কোনোভাবে মনে যদি পাও ব্যথা

ক্ষণিকের জন্যও যদি জাগে মনে আমার কথা,

দ্বিধা, দ্বন্দ, সংকোচ কে দূরে সরিয়ে

শুধু একটিবার আমায় দিও খবর

আজীবন তোমার জন্য খোলা আমার মনের দরজা।

৪৯) মেরা দেশ মহান

মেরা দেশ মহান–

হ্যাঁ আমি এক মহান দেশের নাগরিক–

পৃথিবীর বৃহত্তম গণতন্ত্রের নাগরিক আমি–

ঘটা করে প্রতি বছরের ছাব্বিশে জানুয়ারী,

আমার দেশে প্রজাতন্ত্র দিবস পালিত হয়।

আমি সেই গণতন্ত্রের অধিবাসী যেখানে গরীবের বুকে

পা তুলে বিত্তশালী সিন্দুক ভরায়,

যেখানে স্কচের গ্লাসে ঠোঁট ভিজিয়ে ধনীরা

দুর্বলের অধিকারকে মর্গে পাঠায়,

ক্ষমতার কাছে আত্মসমর্পণ করে লেখক কবিরা

কলমকে আস্তিনের তলায় লুকায়,

যোগ্যতাকে ডিপ ফ্রিজে ঢুকিয়ে অযোগ্য কে

চেয়ার এগিয়ে দেওয়া হয়,

শিক্ষাকে ,জ্ঞানকে গঙ্গাবক্ষে বিসর্জন দিয়ে জ্ঞানীরা

অজ্ঞানীর ভজনায় সামিল হয়,

ভিক্ষার ঝুলি নিয়ে শীততাপ নিয়ন্ত্রিত ঘরে বসে থাকা

প্রতিবাদীদের শিরদাঁড়া ঠান্ডায় শীর্ণকায় হয়,

হিজিবিজি

বড়লোকের অট্টালিকার নির্মাণকারী শ্রমিকদের

ঘর বাঁধার স্বপ্ন তাদের ই জুতোর নীচে সমাধিস্থ হয়,

সন্তানকে ভাতের গন্ধ শোঁকানোর জন্য মায়েদের

বাবুদের সামনে অনাবৃত হতে হয়,

আমি সেই গণতন্ত্রের অধিবাসী–

আমি সেই প্রজাতন্ত্রের নাগরিক যেখানে–

শাসকের সিদ্ধান্তের প্রতিবাদ করলে

পেয়াদা এসে বাড়ি থেকে তুলে নিয়ে যায়,

দলবেঁধে নারীর শরীরের কাপড় হরণ করলে

নারীর চরিত্রের দোষ দেখা হয়,

নারী হয়েও নারীর বস্ত্রহরণের

প্রেক্ষিত খুঁজতে ব্যস্ত হয়,

বাক্‌স্বাধীনতা, ব্যক্তিস্বাধীনতা শুধু সংবিধানের

পাতায় শোভা পায়,

গণতন্ত্রের চতুর্থ স্তম্ভ ক্ষমতার কাছে নির্লজ্জ

আত্মসমর্পণ করে ব্যবসা বাড়ায়,

সাহস দেখানো সাংবাদিকদের হাজতে পুরে

বিবস্ত্র করা হয়,

আইনবিভাগে মিথ্যে অভিযোগেও আমৃত্যু তার

হিজিবিজি

ভার বইতে হয় সুবিচারের আশায়,

সকলের অন্ন, বস্ত্র, বাসস্থানের অধিকার

ফুটপাতে শোভা পায়,

অশিক্ষিতের দল দেশের মাথায় বসে

দেশ চালানোর নামে দেশকে ডোবায়,

ফুটপাতে ঘুমোনো গরীব মানুষ বড়লোকের

গাড়ীর নীচে পড়লে কুকুরের সাথে তুলনা করা হয়,

আমি সেই প্রজাতন্ত্রের অধিবাসী–

হ্যাঁ আমি গর্বের সাথে বলি –

আমি মহান দেশের নাগরিক,

মেরা দেশ মহান–

মেরা দেশ মহান।

৫০) আর দুঃখু লাই

না –

আর কুনো দুঃখু লাই,

মনত আর কুনো যন্তরণা ব্যাথা লাই।

এ্যাডা সময় সিল –

কতক কষ্ট পাইসি মনত,

মনডা বড়ই দুখাইতো,

বুকটার ভ্যাতর এডা যন্তরণা হইতো।

বউডারে দ্যাখতাম ঘরের কোণায় বইসা বইসা

চোখের জল ফ্যালতো।

মোক দ্যাখলে পরেই তাড়াহুড়া কইরা চোখ

মুইসা ফ্যালাতো।

যাতে কইরা মুই বুইঝবার না পাই।

বউডারে কাঁইদপার দেইখা মোর চোখ দুখানও

ভইরা উইঠতো জলে।

পনেরোডা বসর পার হইসে

বউডারে বিহা কইরা আনিসি;

কিন্তুক বউডার কোল ভরায়ে একখান

হিজিবিজি

পোলা দিবার পারুম লাই।

আশপাশের ঘরগুলাত সোল হোক মাইয়া হোক

কি সোন্দর খেইলা ব্যাড়ায়, সুইটা ব্যাড়ায়,

কিন্তুক মোর উঠানডা ফাঁকাই পইরা থাকে।

মনের ব্যথা, যন্তরণা মনত ই পুইষা রাখি।

চাইর ঘর পর লগেনের পোলাডা অবিশ্যি মোদের

ঘরত আসে, বইসা গপ্পো করে,

জ্যাঠা বইলা ডাকে, খুউব সনমান করে।

লগেনের পোলাডা ন্যাখাপড়ায়ও খুব ভালো হইসে।

লগেন নিজেও খুব ভালো মিনষা, অর কপালডাও

খুব ভালো হসে।

অর পোলাডার ন্যাখাপড়ার লাইগ্যা এতো

ভালোবাসা নজরে পড়ে।

ছুটোত থেকেই সোঁড়াখান দুই তিন কোরোশ

খালি পায়ে হাঁইটা পাঠশালাত যাইতো যহন

গাঁয়ের আর পোলারা দুই চাইর দিন যায়া

আর য্যাইতো না।

লগেনও সোঁড়াটার ন্যাখাপিড়ার লাইগ্যা এতো

ভাব ভালোবাসা দেইখা কষ্ট কইরাও অক পড়াসে।

সোঁড়াডা গাঁয়ের পাঠশালা সাইরা শহরের

হিজিবিজি

ইস্কুলত গিসে। খুব ভালো ফল করসে।

টেন কেলাসে ইষ্টার নম্বর পাইসে,

সাথে সয় সয়খান নেটার।

বারো কেলাসেও সায়েন্স লিয়া পইরা ইষ্টার পাইসে।

তার পর এন্জিলিয়ার হওয়ার লাইগ্যা কোইলকাতাত

য্যায়া পড়বার লাগিসে।

লগেনও অর জমিজমা বেইচা সোঁড়াটাক পড়ায়ে গিসে।

লগেন আর অর বউডার মুখত গরবের হাসি

নাইগ্যা থাইকতো।

থাইকপারই তো কথা। পোলা এঞ্জিলিয়ারিং পরসে

তো গরব হবেক লা?

তারপর এঞ্জিলিয়ারিং ভালো কইরা পাশ কইরা

পোলাডা মস্ত এক কম্পানিত চাইকরি পাইলো।

মেলাগুলান ট্যাহা ব্যাতন। লগেন আর অর বউ

গুটা গাঁয়ত গুল্লা বিলাইসে। মোক আইসা জড়ায়া

ধরসে।

তারপর একদিন পোলাডা গাঁয়ত আইলো।

বাপ মায়ের লগে নুতুন জামা কাপড় আনিসে;

মোর আর মোর বউডার লগেও নুতুন কাপড় আনসে।

গোটা গাঁয়ের নোক অক দেখপার ল্যাগে লগেনের

বাড়ীত ভীড় জমাইসে।

চাইরদিন পর ছোঁড়াডা চইলা গেলো। অরও চোখ ভিজা অর বাপ মায়ের ও তাই। মোদের চোখ দুইটা ও জলে ভিজা গেল।

মাঝে মাঝে আসে আর তিন চাইরদিন থাইকাই চইলা যায়। আর যহনই আসে বাপ মায়ের লগে অনেক কিসুই লিয়া আসে।

বসর ঘুরলো। আইজকাল পোলাডার গেরামে আসা কইমতে কইমতে বন্দই হয়া গেল। লগেন আর অর বউডার মুখের দিকত তাকন যায় না।

মুখখান শুকায়া একেবারে কাঠ হসে।

সাওয়ালের পড়ার লাইগা তো সব বেচা কুচা শ্যাষ করসে।

অহন নোকের বাড়ীত গতর খাটায়া খায়।

এরই মধ্যে ওই হরেনের পোলাডা আরও অনেকের সাথত পাড়ির গাড়ীত চইরা পাড়ির সম্মেলনে কইলকাতাত গিসিল।

ফেরত আইসা গল্প করোসে অরা লাকি লগেনের পোলাক দেখিসে কইলকাতাত।

মস্ত একখান গাড়ীত চইরা নিজেই গ্যাড়ী চালায়া যাসে। পাসের সিটত লাকি এডা মিয়া ম্যানুষ আর

হিজিবিজি

অর কোলোত লাকি এডা পোলাপান।

শুইনা লগেন আর অর বউডা ঘরত ঢুইকা গেল।

মুই ভাইববার ল্যাগলাম মোরা এডা সাওয়ালের

লাইগ্যা মনত কতক কষ্ট পুষা রাখিসি। কতক যন্তরণা

পাইসি মনত।এইডা সাওয়ালের চ্যাহারা!

 বউডাক ডাইকা কোলাম এই সাওয়ালের

লইগে মনত এ্যাতো

কষ্ট পাইসি মোরা! এই সাওয়ালের লইগে!

চাই না আর সোলপোল। সোলপোল সাড়াই

ভালো আসি মোরা।

খুব ভালো হোসে মোদের ঘরত সোলপোল আসে নি।

আর সোল লা হওয়ার ব্যথা

লাই, যন্তরণা লাই–

সব উধাও হয্যা গ্যাসে।

আর কুনো দুঃখু লাই মনত।

কুনো দুঃখু লাই–

আর এত্তটুক ও দুঃখু লাই।

৫১) কবিতা কি তবে অন্ধ

কবিতা –

কেন এমন তুমি!

তুমি শুধু প্রেমের কথাই বল

নয়তো বিরহের কথা!

তুমি কাব্য রচনা কর আর তাই

থাকো বাস্তব থেকে যোজন খানেক দূরে!

কেন কবিতা কেন?

তুমি কি পারো না মানুষের জীবনের

কথা বলতে?

পারো না কি মানুষের জীবনের জ্বলন্ত

সমস্যাগুলো কে তুলে ধরতে?

তুমি কি পারো না সমাজের আর্ত পীড়িত

মানুষ গুলোর কথা বলতে?

তাদের অভাবের কথা, তাদের না পাওয়ার কথা,

তাদের যন্ত্রণার কথা –

এগুলো কেন তোমার কণ্ঠে আসে না কবিতা?

হিজিবিজি

তুমি কেন বল না ফুটপাতের উলঙ্গ শিশুদের

হারিয়ে যাওয়া শৈশবের কথা?

বল না তো তাদের কথা যাদের ঘর বাঁধার

স্বপ্ন ফুটপাতেই সমাধিস্থ হয়!

শুনি না তোমার কণ্ঠে তাদের কথা যাদের শ্রমকে খেয়ে

পুঁজিপতিরা সিন্দুক ভরায়!

কেন তুমি গর্জে ওঠ না ধর্মের ব্যবসায়ীদের বিরুদ্ধে

যারা মুনাফার জন্য দাঙ্গা ছড়ায়?

কেন তুমি আওয়াজ তোলো না

 রাজনীতির ব্যবসায়ীদের বিরুদ্ধে

যারা মানুষকে মেরে

লাভের ফসলে গুদাম ভরায়?

তুমি তো গর্জে ওঠা না তাদের বিরুদ্ধে যারা আজও

জতুগৃহ বানায়!

কেন তুমি নিশ্চুপ থাকো কবিতা কেন?

তুমি কি পারো না তাদের বিরুদ্ধে আওয়াজ তুলতে

যে পিশাচের দল মা বোনদের ছিঁড়ে খুবলে খাচ্ছে?

পারো না কি তাদের বিরুদ্ধে গলা চড়াতে যারা টাকার

বিনিময়ে একের অধিকার অন্যকে বিক্রি করছে?

হিজিবিজি

তুমি কেন শিক্ষিত বেকার যুবক যুবতীদের রক্তে

বিপ্লবের আগুন জ্বালো না কবিতা?

কেন তুমি বাবুদের কাছ থেকে সম্মান ছিনিয়ে সেই

মায়েদের দাও না যারা দুধের শিশুর দুধ জোগাড় করতে

 সেই বাবুদের সামনে নিজেদের অনাবৃত করতে বাধ্য হয়?

পারো না কি একটু বৃদ্ধাশ্রমের সেইসব অভাগা বাবা

মায়েদের কথা বলতে যারা লাটাই হয়ে সুতো ছেড়ে ঘুড়িকে

অনেক অনেক ওপরে ওড়ায় কিন্তু পারে না আর ঘুড়িকে

ফিরিয়ে আনতে?

শাসকের শোষণের বিরুদ্ধে কিসের স্বার্থে

তুমি নীরব তা তুমিই জানো!

রক্ষকের ভক্ষণের বিরুদ্ধেও তুমি

নিশ্চুপ থাকো কবিতা! কিন্তু কেন?

রাজার হস্ত সমস্ত কাঙ্গালের ধন চুরি করলেও তুমি

কেন কুম্ভকর্ণ হয়ে থাকো কবিতা?

কবিতা –

তবে কি তুমি কিছুই দেখতে পাও না?

তুমি কি তবে –

অন্ধ? কবিতা!